1984년

1984

조지 오웰

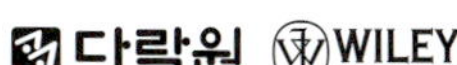

다락원 WILEY
Publishers Since 1807

세계의 교양을 읽는다

고전을 왜 읽는가?

인간의 삶과 세상에 대한 영원한 물음이 있기 때문이다. 시대와 사상을 뛰어넘어 지금 여기 우리에게 필요한 물음이 없는 고전은 더이상 고전이 아니다. 인간과 삶에 대한 근원적인 물음 없이 고전을 읽는다면 자신과 인간에 대한 성찰과 지혜로 이어지지 않는다. 논술 시험 때문에, 과제물 때문에, 아니면 남들이 읽으니까, 나도 읽는다는 식이라면 그 책은 죽은 책일 수밖에 없다.

고전을 살아 있는 책으로 만드는 이 '물음!'에 답하기 위해서는 좋은 길잡이가 필요하다. 40년 이상 미국의 고교생과 대학 주니어들이 시험, 에세이 작성, 심층토론 준비를 위해 바이블처럼 애용해온 'CliffsNotes'와 'SPARKNOTES'는 바로 그런 좋은 길잡이의 표본이다. 이 두 시리즈가 원조 논술연구모임인 '일이관지(一以貫之)' 팀의 촌철살인적 해설을 곁들여 〈다락원 명작노트〉로 재탄생해 논술로 고민중인 대한민국 학생 여러분을 찾아간다.

CliffsNotes와 SPARKNOTES의 가장 큰 장점은 방대하고 난해한 고전을 Chapter별로 요약하고 분석해서 원전의 내용에 보다 쉽고 체계적으로 접근하는 신속·간편성이라고 할 수 있다. 여기에 '一以貫之'팀이 원전의 중요한 문제의식, 즉 근원적 '물음'은 무엇이며, 그 '물음'은 오늘날에도 여전히 유효한가, 라는 질문을 다시 던진다.

대입논술로 고민하고, 자칭 타칭의 고전이 넘쳐나는 오늘의 독서풍토에서 지적 정복이 긴박한 대한민국 학생들에게 감히 이 시리즈를 자신 있게 권한다.

一以貫之 논술연구모임 연구실장 이호곤

CliffsNotes와 SPARKNOTES는 방대한 원작을 보다 쉽게 이해할 수 있도록 돕는 안내서입니다. 원작 이해를 돕기 위해 작가와 작품에 대한 배경지식, 그리고 매 장마다 간단한 '줄거리'와 '풀어보기'가 실려 있습니다. '줄거리'를 통해서는 원작의 내용을 명쾌하게 파악함으로써 독서의 즐거움을 느낄 수 있을 것입니다. '풀어보기'에는 원작에 담긴 문학적 경향, 등장인물의 심리상태, 시대상, 주제 등을 설명해 놓았습니다. 비판적 글읽기의 바탕이 되는 요소들이죠. 비판적 글읽기는 소설과 비소설 작품을 막론하고 책을 읽을 때 꼭 필요한 자질입니다.

그 밖에도 작품을 좀더 심오하게 분석할 수 있도록 '마무리 노트', 'Review' 등을 마련해 놓아 독자 여러분의 글읽기를 돕고 있습니다.

CliffsNotes에는 특히 관심을 갖고 읽어야 할 필수요소를 강조하기 위해 다음 네 가지 아이콘을 사용하고 있습니다.

 작품 속에 내재된 주제를 드러내줍니다.

 등장인물의 속내를 알 수 있도록 도와줍니다.

 배경, 분위기, 열정, 폭력, 풍자, 상징, 비극, 암시, 불가사의 등의 요소를 밝혀줍니다.

 단어와 문구의 미묘한 느낌을 감상할 수 있도록 해줍니다.

*〈 〉는 장편소설, 중편소설, 논픽션, 시집. " "는 수필집, 단편소설

◒ 일이관지(一以貫之) 논술 노트

권말에는 一以貫之 논술팀에서 작성한 논술 노트가 실려 있습니다. 원작을 우리의 삶과 연계시켜 비판적 사고와 논리적 글쓰기의 방향을 제시합니다.

◒ 실전 연습문제

실전 연습문제를 통해서는 원작을 바탕으로 출제 가능성이 높은 논점을 함께 숙고해 봅니다.

작가의 생애

작가의 생애

조지 오웰 George Orwell은 영국이 식민지 인도를 통치하던 1903년 6월, 뱅골 모티하리에서 태어났으며, 본명은 에릭 아서 블레어 Eric Arthur Blair이다. 아버지는 인도에서 아편부 관리로 일했다. 그는 어렸을 때 어머니와 함께 영국으로 이주했고, 헨리와 석세스에서 학교를 다녔다.

유년 시절

오웰의 집안은 부유하지 않았다. 그가 어린 시절에 대해 쓴 글들을 읽어보면, 풍족한 삶과는 거리가 멀었으나 어렸을 때부터 글쓰기에 소질이 있었다. 그는 그 사실을 대여섯 살 정도 되었을 때 깨달았으며 열한 살 때 최초로 시집 〈영국의 젊은이들을 깨워라 *Awake Young Men of England*〉를 출간했다.

오웰은 왕실 장학생으로 이튼스쿨에 다녔으나 썩 좋은 성적을 거두지는 못했다. 당시만 해도 문학은 남학생들이 선택할 만한 학과가 아니었기 때문에 그는 위대한 작가들을 연구하면서 자신만의 문체를 개발하기 시작했다. 그가 진보적이고 사회주의적인 이상을 접하고, 초기의 정치적 이념을 형성한 곳도 이튼이었다.

성년기

오웰은 1922년 버마에서 5년 동안 경찰서장 부관으로 재직하다가 영국의 제국주의적 통치에 혐오감을 느끼고 사직했다. 1928년 파리로 건너간 후 잡다한 저임금 노동에 종사했고, 1929년 런던으로 돌아와 자칭 '상당히 심각한 빈곤 상태' 속에서 고달픈 삶을 지속했다. 이런 경험은 처녀작 〈파리와 런던의 바닥생활 *Down and Out in Paris and London*〉의 소재가 되었다. 이 작품은 오웰이 친구에게 파기를 부탁했으나 그 친구가 에이전트에게, 에이전트가 다시 출판사에 넘겨 1933년 빛을 보았으며, 좋은 평가를 얻었다.

이즈음, 오웰은 미들섹스 소재 사립학교에서 교편생활을 하던 중 폐병에 걸려 세상을 떠날 때까지 시달렸으며, 1938년, 1947년, 1950년에는 입원 치료까지 받았다.

1933년에는 학교를 그만두고 사우스월드에서 근 1년간 다음 작품인 〈버마의 나날들 *Burmese Days*〉의 집필에 몰두했다. 이 시기에 오웰은 서점에서 시간제로 일하다가 에일린 오쇼네시란 여인을 만났고, 스페인 내전 기사를 쓰기 위해 스페인으로 가기 직전인 1936년 결혼했다.

스페인에서 오웰은 자신이 그동안 추구해 온 것이 진정한 사회주의 국가란 사실을 깨닫고 파시스트 정당에 반대하는 투쟁에 합류했다. 그러나 그 집단이 파시스트 분자들을 비밀리에 후원했다는 무고를 받자 스페인에서 탈출했다.

1939년 영국으로 돌아온 그는 1941년 BBC 방송국에 대(對) 인도 및 동남아시아 방송 책임자로 취직했으나 이 자리를 몹시 싫어했다. 영국 식민지를 상대로 선전 활동을 하는 일이 적성과 정치적 신념에 반했기 때문이다. 반면, 1943년에 시작한 트리뷴 지의 문학담당 편집자 일은 적성에 맞았다.

1944년 아들을 입양한 직후, 오웰은 옵서버 지의 종군 기자로 파리와 독일의 쾰른 등지에 파견되었다. 그해 초, 안타깝게도 에일린은 남편의 최고 걸작인 〈동물농장 Animal Farm〉의 성공을 보지 못하고 세상을 떠났다. 그는 아내를 잃은 슬픔에다 허약한 건강과 사투를 벌이면서도 1948년에는 〈1984년〉의 집필을 마쳤고, 이듬해 초 출간했다.

문학 활동

오웰이 작가로서 활동한 기간은 17년 정도다. 얄궂게도 오웰은 자기를 소설가라고 생각하지 않았지만, 20세기 문학사에서 가장 중요한 걸작 두 편, 〈동물농장〉과 〈1984년〉을 내놓았다. 그 밖에 각종 자서전, 여타 소설들, 수필의 정수(精髓)들도 모두 20세기 문학을 구성하는 데 크게 공헌했다.

오웰은 작품을 통해 진리를 추구했다. 그는 소설 속에서 주변 세계의 모습, 즉 직접 목격한 전쟁과 투쟁의 실상, 정치의 추악한 본질, 전체주의 정권이 인간의 숭고한 정신에 가하

는 끔찍한 폐해 등을 묘사했다. 그는 문학 활동을 시작한 스물
네 살 때부터 '진정한' 인간 투쟁의 모습을 그리고 싶어했으
며, 불운하고 가난한 사람들 속에 섞여 살면서 그들의 이야기
를 대변하고자 했다. 세상에는 폭로해야 할 거짓과 대중의 주
의를 환기시켜야 할 진실이 있기 때문에 글을 쓴다고 했던 그
는 정치적 목적, 의미, 그리고 경고를 담은 〈1984년〉을 통해
이 작업을 충실히 수행해냈다.

작품 노트

작품의 개요

　　다른 작품들처럼 〈1984년〉에도 오랜 세월에 걸쳐 이어져 내려온 문학적 전통이 분명히 담겨 있다. 오웰이 도입한 전통 중에는 '유토피아'란 개념이 있지만 이것을 자신만의 목적을 위해 효과적으로 변형시키고 있다. '어디에도 없는 땅' 유토피아는 인류가 완벽한 존재를 구현하는 이상적인 장소 또는 사회를 의미하며, 고통이나 질병이 없는 곳을 뜻한다. 이런 장르의 문학을 처음 시도한 사람은 오웰이 아니다. 실제로 '유토피아'라는 말은 1516년에 발표된 토머스 모어 경의 〈유토피아 Utopia〉라는 작품에서 나왔다. 이 말은 오늘날 완벽하다고 여겨지는 장소를 묘사하는 데 사용되고 있다.

　　〈1984년〉에서 오웰은 기술이 고도로 발달된 세계를 창조했다. 이 사회에서는 지배적인 정치적 정통주의에 순응하지 않는 사람들을 조종하고 통제하는 수단으로 공포심을 이용한다. 오웰은 특정 정치 철학과 인간 본성의 결점이 낳는 결과를 독자들에게 교육시키려는 과정에서 유토피아의 전통적 개념을 차용하되 약간 변형해서 일종의 '반이상향 dystopia'을 창조했다. 이것은 궁핍, 압제, 또는 공포로 인해 삶이 극도로 고달픈 가공의 무대다. 오웰이 창조한 '반이상향'은 인간이 자기 삶을 마음대로 하지 못하는 곳, 거의 모든 긍정적 감정이 억압되는 곳, 그리고 궁핍, 두려움, 압제 속에서 사는 곳이다.

문학에서 반이상향의 전통은 비교적 근래에 생겨났으며, 통상적으로 자기가 살고 있는 시대에 대한 비판의 표시다. 이런 소설들은 오웰의 또 다른 반이상향 소설인 〈동물농장〉처럼 흔히 정치적 교훈을 담고 있다. 오웰은 〈1984년〉을 위해 반이상향적 무대를 설정함으로써 역설적으로 유토피아 창조의 가능성을 암시하고 있으며, 나아가 작품에서 나타나는 전율할 만한 사건 하나하나를 통해 인류가 '완벽한' 사회를 얻기 위해 치러야 할 대가가 무엇인지를 분명히 보여주고 있다.

역사적 배경

오웰은 제2차 세계대전 직후, 독자들의 경각심을 일깨우기 위해 〈1984년〉을 썼다. 오웰이 살던 시대에 실제로 이 소설 속의 나라처럼 발전될 소지가 있는 사건들이 많이 벌어졌지만, 그런 미래가 절대로 오게 해서는 안 된다는 사실을 말하고 싶었던 것이다.

오웰은 스페인, 독일, 소련을 비롯한 많은 나라에서 전체주의 정권이 활개를 치던 시대에 살았다. 그런 나라의 정부는 국민들에게 철권(鐵拳)을 휘두르고 철의 장막을 둘렀으며, 기아, 강제 노동, 대량 학살이 다반사로 일어났다.

오웰은 민주적 사회주의를 신봉했다. 그는 〈1984년〉이 출판된 지 2년 후인 1947년 수필 "나는 왜 글을 쓰는가? Why I Write"에서 무엇보다도 '세상을 특정 방향으로 몰고 가기 위

해, 그리고 인간이 추구해야 할 사회의 종류에 대해 사람들이
갖고 있는 관념을 바꾸려는 열정' 때문에 글을 쓴다고 고백한
바 있다. 오웰은 강한 정치적 신념을 표현하기 위해 작품을 '이
용'한 셈이고, 그 사실은 〈1984년〉에서 창조한 사회에 잘 나
타나 있다.

〈1984년〉에 나오는 사회는 물론 허구지만 당시에 명백히
존재했던 사회·정치적 분위기가 그대로 반영되어 있다. 오세
아니아란 나라는 히틀러 치하의 독일과 스탈린 치하의 소련을
연상시키는 공포 사회로, 인간 정신의 철저한 압살, 시민 생활
에 대한 국가 차원의 통제, 보편화된 기아, 그리고 정부의 가
치관에 순종하지 않거나 순종하려 들지 않는 사람들의 '조직
적인' 증발 등이 특징이다.

오웰은 인근 국가들의 집권과정을 목격하면서 지도자들
과 그들의 정치관, 그리고 그들이 자국민에게 저지른 만행을
경멸했다. 작품에 등장하는 빅 브라더는 스탈린과 히틀러를
합쳐놓은 인물임이 분명하다. 두 사람은 비록 철학적 범위에
서는 양극단을 달렸지만, 실존 인물로서 무서운 정치 지도자
였다. 오웰은 전체주의 국가인 소련과 독일의 특성을 조합시
켜 정치 이념상 좌파든 우파든 전체주의적 정권에 단호히 반
대한다는 점을 분명히 하고 있다.

오웰은 빅 브라더를 쉽게 인지할 수 있는 인물로 설정함
으로써(히틀러와 스탈린처럼 검고 짙은 콧수염을 길렀으며,

청중을 매료시키는 연설 능력이 있다.) 독자들이 작가의 의도, 즉 전체주의가 인간 정신에 부정적인 영향을 끼치며, 그런 환경에서는 자유로운 사고가 불가능하다는 것을 확실하게 깨닫도록 만든다.

언론의 역할

오웰은 프랑코 장군이 이끄는 파시스트들이 군사 쿠데타를 일으키자 스페인으로 달려갔다. 그리고 처음에는 사회주의가 구현되는 듯한 바르셀로나의 상황에 환호했으나, 이내 그 꿈이 변질되는 것을 목격했다. 그 같은 정치적 분위기에서는 '이상적인' 정치 생활을 유지할 수 없었던 것. 오웰이 접촉했던 집단은 친 파시스트 단체라는 죄를 뒤집어썼다. 그것은 모략이었으나 영국의 좌파 언론을 포함해서 많은 사람들이 그 선전을 쉽게 믿었다. 그 경험에 대한 반성으로 오웰은 〈1984년〉에서 선전 기계에 지나지 않는 언론 기관을 창조한다. 물론 여기에는 작가 신분으로 스페인에서 겪었던 경험이 그대로 드러나 있다.

오웰은 제2차 세계대전 때 BBC 방송국에서 일했다. 당시에는 뉴스 보도 규제가 일상화되어 있던 시기였는데, 그는 거짓인 줄 알면서도 어쩔 수 없이 방송을 내보내야 하는 임무 때문에 점점 마음이 불편해졌다. 〈1984년〉의 주인공 윈스턴 스미스가 오세아니아국의 언론 기관에서 기만적인 선전 자료의 창작을 맡고 있다는 점은 주목할 만하다. 실제로 윈스턴의 직책은 오웰이 가장 비난하는 사회의 이중성을 꿰뚫어볼 수 있는 정보를 독자들에게 주는 자리다.

무대

〈1984년〉의 무대는 오세아니아라는 가상 국가다. 이 거대한 나라는 아메리카 대륙, 영국령 섬들을 포함한 대서양의 섬들, 오스트레일리아, 아프리카의 남부로 구성되어 있다. 오세아니아국의 본토는 예전의 영국으로서 작품 속에서는 '제1 활주로'라고 불린다. 이야기는 1984년의 런던, 즉 인간의 정신과 자유가 거의 박살난 무서운 시공간을 무대로 펼쳐진다. 소설 속에서 전쟁은 끊임없이 이어지고 있다. 주인공 윈스턴 스미스는 제2차 세계대전이 일어나기 전에 출생한 세대로서, 성장하면서 보고 들은 것이라고는 굶주림과 정치적 불안뿐이다. 그가 겪은 대부분의 사건은 전시의 독일과 소련에서 실제로 일어난 사건들의 확대판이다.

우리는 오웰이 알고 있는 사실들에 바탕을 두고 〈1984년〉을 썼다는 점을 명심해야 한다. 실제로 굶주림, 결핍, 정치적 압제 등은 극단적인 정권이 펼친 정책의 결과였다. 그리고 광란의 전쟁, 가족의 해체, '자유롭게 사고하는 사람들'이나 남들과 '다른' 사람들, 또는 당의 교리에 쉽게 동화하지 못하는 사람들에 대한 박해, 당의 지침에 맞춘 역사의 왜곡 등은 엄연한 현실이었다. 오웰이 추측한 미래의 모습은 당시 대중이 프랑코, 히틀러, 스탈린 치하에서 받았던 처우를 창의적으로 확대해 놓은 것이다.

오웰은 〈1984년〉의 무대를 런던으로 설정함으로써, 실제 전쟁으로 피폐해진 사회의 분위기를 되살릴 수 있었다. 당시 런던 사람들은 공습이 휩쓸고 간 폐허 위에 '닭장 같은 판잣집'을 짓고 살았다. 그의 의도는 분명히 모든 독자들, 특히 영국 독자들이 지니고 있는 전쟁에 대한 기억을 겨냥했다고 봐야 한다. 그러나 〈1984년〉 속의 런던은 단순히 미지의 사람들에게 험한 일들이 일어나는 허구의 장소가 아니라, 여전히 현대 독자들과 연관성을 지닌 지리적으로 현존하는 실제 장소다.

〈1984년〉에서 세계는 오세아니아, 동아시아, 유라시아라는 초국가들로 삼분되어 있다. 오웰은 3국의 국경선을 제2차 세계대전 직후부터 시작된 냉전시대의 정치적인 지형도와 상당히 유사하게 나누었다. 3국은 각각 전체주의 정권이 통치하고 있으며, 여러 전선에 걸쳐 끊임없이 전쟁을 벌이고 있다. 오웰은 전 세계가 전쟁 상태에 빠져 있는 상황을 통해 끔찍한 소설 무대를 창조했을 뿐 아니라, 무섭고 변하지 않는 현실 속에서 생존을 강요당하는 윈스턴이 이런 상황에서 벗어날 가능성도 애초부터 봉쇄하는 효과를 내고 있다.

오세아니아국의 권력 구조는 3개 부문으로 나뉘어 있다. 첫째는 인구의 2퍼센트에 불과하지만 지배 계층을 형성하는 내부당(Inner Party)이고, 다음은 18 내지 19퍼센트를 차지하는 식자층으로 구성된 외부당(Outer Party), 마지막은 프롤레스 또는 프롤레타리아라고 불리는 노동자 계급이다. 당(내부당과 외부당)은 이 같은 계층 간의 구분을 진정한 '계급'의 개념으로 보지는 않지만, 오웰의 의도는 명백하게 독자들이 계층 간 차별을 인식하기를 바라고 있다. 오웰 같은 사회주의자에게 계층 차별은 갈등과 계급투쟁의 존재를 의미한다. 예컨대, 히틀러 치하의 독일과 스탈린 치하의 옛 소련에서도 지배 계급을 형성한 소수 엘리트층은 대중에 비해 생활수준이 높았다. 그러나 이들 나라에서는 〈1984년〉에서 볼 수 있는 것과 같은 반란은 절대 불가능했다.

줄거리

윈스턴 스미스는 외부당원이다. 그는 진실부 기록국에 소속되어 역사를 다시 기록하며 왜곡하는 일을 담당하고 있다. 그는 빅 브라더가 통치하는 전체국가로부터 최소한 마음만이라도 탈출하려고 일기를 쓰기 시작한다. 일기 쓰기는 이 나라에서 사형에 해당하는 범죄 행위다. 윈스턴은 비인간적인 환경에서 인간답게 살겠다는 결의에 차 있다. 그러나 집, 사무실, 매일 밥을 먹는 구내식당, 심지어 비좁은 화장실 칸 등 도처에 텔레스크린이 설치되어 있다. 일거수일투족이 감시당하고 있는 것. 안전한 곳은 없다.

어느 날, 의무적으로 하도록 되어 있는 '2분 증오' 시간에 윈스턴은 심적으로 동지로 여기는 오브라이언이란 내부당원의 눈길을 느낀다. 그는 또 머리칼이 까만 창작국 소속 젊은 여자의 시선도 알아챈다. 그는 그녀가 자신의 적으로 자기를 파멸시키려 한다고 생각한다. 며칠 후 그녀(줄리아)가 윈스턴에게 "당신을 사랑해요"라고 적은 쪽지를 몰래 건넨다. 윈스턴은 우여곡절 끝에 그녀를 만난다. 드디어 두 사람이 함께 있게 되자, 줄리아는 밀회를 즐길 복잡한 계획을 꺼낸다.

시골 한적한 곳에서 윈스턴과 줄리아는 관계를 갖고, '당'과 '빅 브라더'에 대항하는 동맹 관계를 맺는다. 윈스턴은 한 가게의 위층 방을 두 사람의 밀회 장소인 '안가(安家)'로 확보한다. 사랑에 빠진 그들은 언젠가는 체포될 것을 알면서도, 서로에게 느끼는 사랑과 존경심은 그 누구도, 아무리 최악의 상황에서도 앗아갈 수 없다고 생각한다.

결국 윈스턴과 줄리아는 '형제'('당'을 붕괴시키려는 지하 조직)의 일원으로 짐작되는 오브라이언에게 자신들이 '당'을 얼마나 증오하는지 털어놓는다. 오브라이언은 일련의 심문 과정을 거쳐 두 사람을 조직의 일원으로 받아들이고 윈스턴에게 '책' 한 부를 건넬 준비를 진행시킨다. 예전에는 빅 브라더의 동맹이었다가 적으로 변신해 현재는 그들의 지도자로 활약하는 에마뉴엘 골드슈타인이 저술한 반체제 서적이다.

윈스턴은 한 독전(督戰) 집회에서 그 책을 입수해 안가에
서 낮잠을 자는 줄리아 옆에서 읽는다. 벽의 그림 뒤편에서 들
려오는 이상한 소리에 깜짝 놀란 그들은 그곳에 설치되어 있
는 텔레스크린을 발견한다. 두 사람은 즉시 끌려나와 격리된다.
윈스턴은 사랑부 깊은 곳에 갇힌다. 창문이 없는 일종의 감옥
이다. 그곳에서 여러 날 동안 혼자 앉아 있는데, 오브라이언이
들어온다. 윈스턴은 오브라이언도 체포되었다고 생각하지만,
이내 그가 자신을 고문하고 정신을 파괴하기 위해 왔다는 사
실을 깨닫는다. 당은 윈스턴의 '범죄'를 처음부터 알고 있었으
며, 오브라이언은 7년간이나 그를 감시했던 것.

오브라이언은 윈스턴의 사고방식을 뜯어고치고, 마음속
에서 두 개의 상반되는 개념을 동시에 받아들일 수 있는 '이
중 사고' 능력을 주입시키기 위해 수개월 동안 고문한다. 윈스
턴은 인간의 정신은 자유로워야 하고, 또 자유롭기 위해서는
'2+2=4' 같은 객관적 진실을 믿을 수 있어야 한다고 생각한다.
오브라이언은 '2+2=5'라고 생각하기를 원하지만, 윈스턴은
거부한다.

드디어 오브라이언은 윈스턴을 사랑부 101호실로 보낸다.
이 방은 죄수들이 가장 무서운 공포를 경험하는 곳이다. 윈스
턴이 가장 무서워하는 것은 쥐다. 오브라이언은 철사줄로 엮
은 새장 같은 마스크를 윈스턴의 머리에 씌우고는 새장 문을
열어 쥐들이 얼굴을 공격하게 만들겠다고 위협한다. 윈스턴은

남아 있는 한 줌의 인간성을 팽개친 채 "줄리아에게 하세요!"
라고 외친다.

윈스턴은 변했다. 그는 체스넛 트리 카페에 앉아 텔레스
크린을 응시하며 전선에서 들려오는 일일 전황의 결과를 걱정
하고 있다. 그는 줄리아를 다시 만났다. 그녀 역시 변한 모습
이다. 나이도 들어 보이고 매력도 줄어든 것 같다. 그녀도 그
를 배신했다고 고백한다. 결국, 윈스턴이 빅 브라더를 사랑하
고 있다는 것은 틀림없는 사실이다.

등장인물

윈스턴 스미스 *Winston Smith* 주인공. 당에 끈질기게 저항하며, 표나지 않게 반역하는 방법을 발견한다. 아니, 적어도 눈치 채지 않게 반역할 수 있다고 믿는다. 가장 큰 소망이라면 비인간적인 그 나라의 환경 속에서 인간으로 남아 있는 것.

줄리아 *Julia* 윈스턴의 연인이자 동지. 진실부 소속. 당의 교리에 반대하지만 원하는 것은 세상을 바꾸는 게 아니라 사소한 규칙들을 깨는 것.

오브라이언 *O'Brien* 내부당 당원. 수수께끼 같은 인물로, 윈스턴의 적이자 동지이기도 하며, 윈스턴이 당에 동조하도록 세뇌시키는 인물이기도 하다. 당의 화신이며, 대부분의 당 강령이 그를 통해 밝혀진다.

빅 브라더 *Big Brother* 당의 지도자. 신 같은 인물로서 전지전능하고 영원하지만 상당히 막연한 존재.

에마뉴엘 골드슈타인 *Emmanuel Goldstein* '형제'라는 지하단체의 지도자. 오웰은 '형제'가 실제로 존재하는지, 아니면 당이 선전 효과를 위해 그냥 남겨두고 있는 유령 단체인지에 대해 모호한 태도를 취하고 있다. 그럼에도 불구하고 골드슈타인은 실존 인물이든 아니든, 빅 브라더에 대항하는 세력으로 뚜렷이 부각되어 있다.

채링턴 씨 *Mr. Charrington* 윈스턴에게 방을 빌려준 상점의 주인으로 사상경찰 요원.

파슨스 *Parsons*　윈스턴의 이웃. 나중에 자식의 밀고로 윈스턴과 함께 사랑부에 갇힌다.

사임 *Syme*　윈스턴과 함께 진리부에서 근무하는 신어(Newspeak) 전문가. 나중에 '증발한다.'

앰플퍼스 *Ampleforth*　사이비 시인으로 윈스턴과 함께 진실부에서 근무한다. 나중에 사랑부에 투옥된다.

등장인물 관계도

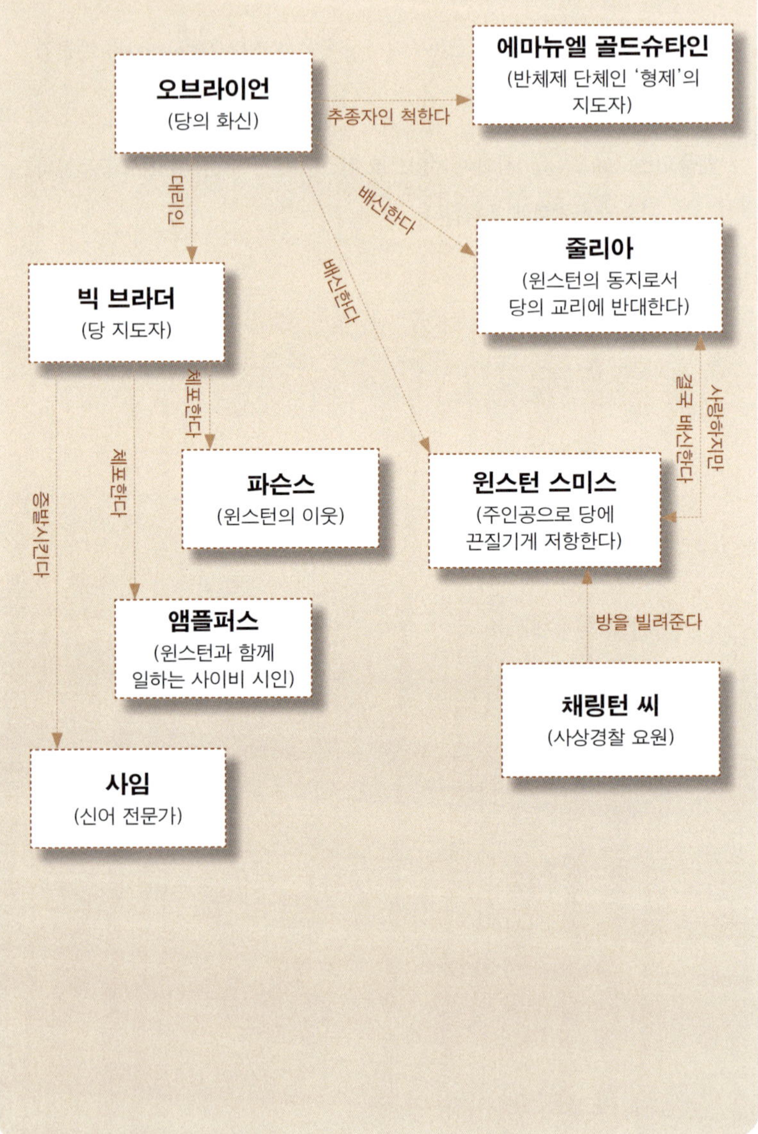

오브라이언
(당의 화신)
추종자인 척한다
에마뉴엘 골드슈타인
(반체제 단체인 '형제'의 지도자)
대리인
배신한다
배신한다
줄리아
(윈스턴의 동지로서 당의 교리에 반대한다)
빅 브라더
(당 지도자)
체포한다
체포한다
사랑하지만 결국 배신한다
파슨스
(윈스턴의 이웃)
윈스턴 스미스
(주인공으로 당에 끈질기게 저항한다)
출발시킨다
앰플퍼스
(윈스턴과 함께 일하는 사이비 시인)
방을 빌려준다
채링턴 씨
(사상경찰 요원)
사임
(신어 전문가)

Chapter 별
정리
노트

제 1 부

Chapter 1

일기 쓰기는 사형

4월의 어느 날, 날씨는 쌀쌀하다. 오세아니아국 런던에 살고 있는 윈스턴 스미스는 점심시간에 조그만 자기 아파트에 도착한다. '빅 브라더'의 얼굴은 도처에 있다. 윈스턴의 침묵과 묵상 모습에서 런던의 정치적 분위기가 사뭇 험악하고 전체주의적임을 확연히 알 수 있다. 그는 컵에 술을 가득 부어 단숨에 마시고는, 이 나라에서 사형에 해당하는 짓을 하려고 자리에 앉는다. 바로 일기를 쓰는 일이다. 그는 스스로 운이 좋다고 생각한다. 아파트의 한쪽 구석에 앉으면 당국, 즉 '빅 브라더'가 그를 하루 24시간 감시하고 감청하기 위해 설치해 놓은 텔레스크린의 감시망을 교묘하게 벗어날 수 있기 때문이다. 그가 일기를 쓰려고 앉아 있는 곳이 바로 거기다.

윈스턴은 누구를 위해 일기를 쓰려는 것인지조차 모른다는 사실을 불현듯 깨닫고, 그 순간 '작가의 장애'라는 번민에 빠진다. 그는 정신적 혼돈 상태에서 최근 영화관에 갔던 이야기를 의식의 흐름 기법으로 쓰기 시작한다. 그는 일기를 쓰면서 주초에 있었던 심각한 사건을 떠올린다. 같은 건물에서 일하는 여성으로부터 유혹과 퇴짜를 거의 동시에 받았던 것. 그는 그녀에게 미행당하는 듯한 느낌이 들었다. 그리고 내부당원인 오브

라이언과 가졌던 짧은 만남을 기억해냈다. 그 우연한 만남에서 오브라이언이 '빅 브라더'의 독재에 대한 자신의 반감에 유대감을 표시하려 했다고 생각한다. 이번에는 현재 환경에 대한 감정을 구체적인 자료를 덧붙여 일기를 계속 써내려 간다. 이때 노크 소리가 나면서 일기 쓰기는 중단된다.

　　도입부는 암울한 결말을 암시하는 듯한 색채를 띠고 있다. 이런 분위기는 숙명적인 주인공 윈스턴 스미스가 독자들에게

첫 선을 보이는 '4월의 쌀쌀한 날, 시계가 13시를 알리는 순간,'
확연히 풍겨 나온다. 작가는 '먼지를 머금은 바람'이 불고, '양
배추 끓이는 냄새와 낡은 매트리스 냄새가 물씬 풍기는 복도',
작동하지 않는 승강기, 낮에는 꺼져 있는 전기 등의 배경 묘사
를 통해 부패한 사회의 단면을 단도직입적으로 전달한다.

　　나머지 인물들은 윈스턴이 그들을 인식하고 묘사하는 과
정에서 차례로 소개된다. 그는 창작국에서 일하는 검은머리의
여자(그녀는 여기서 묘사는 되지만 이름은 밝혀지지 않는다.)
가 '가까이 오면 항상 두려움과 적대감이 섞인 묘한 불안감을
느낀다.' 윈스턴은 그녀가 사상경찰 요원이 아닌가, 하고 의심
한다. 처음에는 그녀를 사회적 정통주의자의 상징, 즉 당의 노
선을 열성적으로 추종하는 그렇고 그런 '머리가 빈 사람'이라
고 생각했던 것. 반면, 오브라이언에게는 '정치적인 정통파적
신념이 철저하지 않은 것 같다'는 나름대로의 은밀한 믿음을
근거로, 동지 의식 같은 것을 느낀다. 우연히 오브라이언과 시
선이 마주치자 이러한 심증은 더욱 굳어진다. '빅 브라더'(실
제 인물과 개념, 두 가지 의미 모두)는 윈스턴이 거주하는 건
물의 곳곳에 붙은 포스터를 통해 일찌감치 소개된다. 그 포스
터 속에는 "빅 브라더는 그대를 감시하고 있다"는 문구가 적
혀 있다. 마지막으로, 에마뉘엘 골드슈타인 역시 실제 인물과
개념, 두 가지 의미에서 '증오 시간'을 묘사하는 장면에 등장
한다.

**문제
탐색** 정치 환경은 윈스턴의 묵상은 물론, 구체적인 정치 제도나 장치를 묘사하는 서술을 통해 자세하게 설명된다. 이 나라를 지배하는 정치 이념의 본질에는 인간의 생각을 언어와 정보의 조작을 통해 통제하는 과정이 자리 잡고 있다. 시민들에게 전달되는 정보와 언어의 조작에는 '이중 사고'와 '신어'(新語, Newspeak)가 핵심적인 장치다. 이중 사고는 상반된 두 개의 생각, 즉 개별적으로는 상호 배타적인 개념이나 의견을 동시에 품은 상태에서 그 두 생각을 절대적으로 믿는 행위를 일컫는다. 이중 사고에는 논리에 대항하는 논리, 또는 모순에 대해 의혹을 유보하는 자세가 필수적이다. 당이 주창하는 세 가지 슬로건 "전쟁은 평화, 자유는 예속, 무지는 힘"은 이중 사고의 명확한 사례다. 이중 사고에 의한 행동은 더욱 미묘하고 세부적으로 발생한다.

**인물
탐색** 윈스턴은 일기를 쓰기 시작하면서 처음으로 공공연한 반당 반역 행위를 저지르는 증거를 하나 만들어놓는 셈이 된다. 아직은 아무도 그의 생각이나 행동을 알지 못하므로 안전한 상태다. 그러나 독자들은 윈스턴이 "조만간 그들이 반드시 당신을 잡아갈 것이다"라고 생각할 때 불길한 예감을 느끼게 된다. 윈스턴은 분명히 자기 행동의 심각성을 잘 알고 있다. 이제부터 그의 삶은 절대로 예전과 같지 않을 것이다.

첫 장에서는 이 소설의 분위기를 결정하고 작품 전체를 통해 계속 등장하며 주제가 되는 일련의 중대한 문제와 이미

지들을 선보이고 있다. 독자들은 끊임없는 이중성, 조작, 감시의 세계 속으로 부지불식간에 빠져드는 것이 아니다. 예컨대, 윈스턴이 사는 아파트의 '승리동'이란 이름은 '복도에는 양배추 끓이는 냄새와 낡은 매트리스 냄새가 진동하고', 엘리베이터는 거의 작동하지 않고 주간에는 전기가 꺼져 있다는 등의 오웰의 묘사와 정면으로 배치되는 심적 이미지를 독자에게 전달하는 것. 물론, 이런 설명은 과장된 이름을 지닌 건물에 대한 묘사로 상상하기 어려운 대목이다.

한편, 스탈린과 그의 아류에 속하는 무소불위의 권력자들을 연상시키는 '빅 브라더'는 포스터와 텔레스크린 속의 모습으로 독자들에게 소개된다. 빅 브라더는 직접 모습을 드러내지 않지만 공식적으로 오세아니아국의 독재자이며, 그가 나와 있는 포스터에는 "빅 브라더는 그대를 감시하고 있다"는 문구가 쓰여 있어, 그곳의 사악한 공포 분위기를 더욱 자아낸다.

오웰은 오세아니아국의 관료 조직과 정치 구조에 대한 묘사를 통해 독자들의 예측을 자극하고 공포심을 불러일으킨다. 즉, '진리부'는 역사를 사안에 맞춰 왜곡하는 곳이며, '평화부'는 전쟁을 수행하는 부처이고, '사랑부'은 법과 질서를 유지하는 곳이면서 '정말 무서운 곳'이고, '풍요부'는 사상경찰, 2분간의 증오 시간, 그리고 대구(對句) 형식으로 표현된 국가 슬로건 ─ 전쟁은 평화, 자유는 예속, 무지는 힘 ─ 과 밀접하게 연관되어 있다.

Chapter 2

 불길한 예감

　이웃에 사는 파슨스 부인이 윈스턴의 집을 노크한다. 그녀는 윈스턴에게 막힌 싱크대의 수챗구멍을 뚫어달라고 부탁한다. 그녀의 남편이자 윈스턴의 진리부 동료인 톰 파슨스가 지금 집에 없기 때문이다. 윈스턴은 순순히 그녀의 부탁을 들어주는데 아이들이 당돌하게 소리 지르며 그에게 덤빈다. 아이들은 그를 쫓아다니며 반역자, 사상범, 나중에는 골드슈타인이라고 부른다.

　윈스턴은 집에 돌아와 계속 일기를 쓰면서, 오브라이언에 대해 또 한번 생각한다. 윈스턴은 7년 전에 꾸었던 꿈을 떠올린다. 그 꿈속에서 어떤 목소리가 "우리는 언젠가 어둠이 없는 곳에서 만날 것이다"라고 말했었다. 그는 그 목소리의 주인공이 오브라이언일 것이라고 생각하며, 그 꿈의 예언은 어떤 식으로든 실현되리라 확신한다.

　디시 일기를 쓰기 시작한 윈스턴은 드디어 그 일기를 읽는 이가 누구인지를 깨닫고, 언젠가는 사상경찰의 손에 죽게 될 것을 예감한다.

문학적 장치 윈스턴의 꿈은 이 책의 후반부에 일어날 사건을 예시하고 있다. 이 소설에서 반복되는 이미지, 즉 '어둠이 없는 곳'이란 말은 윈스턴의 꿈이 암시하는 불길한 징조가 예상대로 실현되지 않자 묘하게 꼬인다. 윈스턴은 이것을 오브라이언 때문이라고 여긴다. 내부당원인 오브라이언은 이 소설의 뒷부분에서 '어둠이 없는 곳'이자 감옥을 의미하는 사랑부에서 윈스턴과 만나게 된다.

주제 탐색 과거의 왜곡과 기억에 담긴 사실의 존재는 〈1984년〉 전반에 걸친 뚜렷한 주제다. 윈스턴은 이 책 전편을 통해 자신을 괴롭히는 몇 가지를 자문한다. 그 중 하나가 "과거의 기록이 보존되지 않는다면 '생각'은 어떻게 생명을 이어갈 수 있을까"이다. 히틀러와 스탈린 모두 절대 권력의 환상을 저버리지 못해 과거를 왜곡하고 역사를 다시 기록하게 만들었다. 그러나 오웰의 의도는 단순히 히틀러 같은 파시스트와 스탈린 같은 공산주의자들의 준동을 경고하자는 것이 아니었다. 오히려 이 두 가지 사례처럼 두드러지지 않더라도 통제가 늘어나면서 인간으로 하여금 그것을 받아들이도록 만드는 여러 사상과 정치적 공작 체계에 대해 경각심을 높이려는 것이다.

인물 탐색 이 장에서 오웰은 윈스턴의 염세적이고 숙명론적인 성격을 더욱 뚜렷하게 전개시키고 있다. 윈스턴이 일기에도 쓰듯이, 그는 '당'의 절대 권력과 전지전능한 힘을 과신하기 때문에 자신의 생각이나 행동이 발각되지 않고 넘어갈 수 있으리라고는 상상조차 하지 못한다. "사상죄는 죽음에 해당되는 것이 아니다. 죽음 그 자체다." 따라서 그는 이미 사상죄를 범했기 때문에 언젠가는 발각되어 처벌(증발)받을 것임을 의심하지 않는다. 이런 의미에서, 윈스턴의 본질적인 목표는 단순한 생존이 아니라, 가능한 한 오래 생존하는 것이라고 할 수 있다. 그는 영원한 생존을 이룰 수 있을지 확신이 서지 않는다.

Chapter 3

꿈

윈스턴이 어머니와 누이동생의 죽음에 대한 꿈을 꾼다. 과거는 그의 마음속에 흐릿하게 남아 있다. 그는 확실히는 몰라도 두 사람의 죽음에 자신이 책임이 있다고 생각한다. 꿈 장면은 '황금의 나라'라는 장소로 바뀌고, 윈스턴은 그 검은머리의 여자가 그곳에 있다고 생각한다. 그는 "셰익스피어!"라고 중얼거리면서 잠에서 깬다.

윈스턴은 외부당원들을 대상으로 매일 실시하는 '체조'를 하기 위해 텔레스크린 앞에 자리 잡고 운동을 하면서 과거를 회상한다. 가족들과 함께 폭격을 피해 지하 벙커로 뛰어 들어갔던 일이 떠오른다. 기억에 골몰한 채로 발끝에 손을 대려고 하는 엉성한 자세 때문에 텔레스크린 속의 체조 강사가 큰소리로 그를 야단친다.

이 장에서 작가는 윈스턴이 자신이 처한 환경에 대해 갖고 있는 생각, 즉 화자를 통해 우리에게 전달되는 그의 모든 생각이 사실임을 나타내는 명확한 증거를 독자에게 제시한다.

과거에 잉글랜드-브리튼-런던으로 불렸으며, 지금은 오세아니아 말로 영사(英社, Ingsoc 또는 영국 사회주의를 지칭하는 새로운 약어)라고 불리는 이곳도 간략히 소개된다. 영국 사회주의의 건국이념은 현재 오세아니아를 지배하는 사회주의와 사뭇 다르다. 윈스턴이 꿈꾸는 '황금의 나라'는 전원 같은 유럽의 풍경, 다시 말해 윈스턴이 삶에서 절대로 누릴 수 없는 미(美)의 개념을 상징한다. 윈스턴이 잠에서 깨어나면서 '셰익스피어'라고 중얼거린 장면은 한편으로는 영국식 향수를, 다른 한편으론 모종의 전조를 나타낸다. 줄리아란 이름은 셰익스피어 작품에 나오는 줄리엣에서 따온 것으로서, 독자들에게 또 다른 금지된 사랑 이야기를 연상시킨다.

오웰은 다시 한 번 사실과 기억의 문제를 제기한다. "과거는 그저 바뀌기만 한 것이 아니다. 과거는 실질적으로 파괴되었다. 아무리 명백한 사실이라도 자신의 기억 외에 어떤 기록도 존재하지 않는 상황에서 어떻게 그것이 사실임을 입증할 수 있겠는가." 기억과 역사는 이 소설에서 중요한 주제다. 윈스턴은 당이 비행기를 발명했다(제2차 세계대전 당시 독일 정부는 실제로 이렇게 주장했다.)고 써놓은 역사책에 대해 깊이 생각한다. 그러나 그는 그것을 입증할 방법은 없지만 당 이전에 이미 비행기가 존재했다는 사실을 명확히 기억하고 있다.

Chapter 4

진리부는 날조부

이 장에서 오웰은 윈스턴의 직업과 직장, 즉 진리부 기록국에 대해 매우 자세히 묘사한다. 이곳에서 그는 역사를 당의 필요에 맞춰 재작성하는 일을 하고 있다. 그리고 윈스턴의 일부 동료들, 그 중에서 윈스턴의 바로 옆자리에 앉아 있으면서도 적대적인 태도를 보이는 틸로천, 3류 시인 앰플퍼스가 구체적으로 소개된다. 현재 윈스턴은 당의 미움을 사고 있는 인물들에 대해 과거 빅 브라더가 찬사를 보냈던 기사를 찾아 수정하는 일을 하고 있다. 윈스턴은 오길비 동무라는 가공의 인물을 창조해서 그가 '이상적인' 삶을 살다가 전투에서 영웅적으로 전사한 것으로 묘사하고, 빅 브라더가 이 영웅을 칭송하는 연설을 한 것으로 조작한다. 물론, 이 사람은 이 세상에 존재한 적이 없다. 살아 있는 사람이 아니라 죽은 사람도 창조해낼 수 있다는 사실에 윈스턴 자신도 놀란다. 역사 기록에 이름을 올린 오길비린 인물은 이세 신짜 살아 있는 사람들과 똑같은 근거 위에서 존재하게 된다.

문체 탐색 이 장은 윈스턴의 직업을 자세히 설명한다. 주로 윈스턴이 기사를 글로 옮기기에 앞서 불러주는 '구술기록기'라는 희한한 기계(이 나라에서 '말'과 '글'은 반대 개념으로 인식되고 있다.)와 기록 또는 문서화될 가치가 없거나 파기해야 할 '역사적 기록'들을 던져버리는 '기억통'에 대해 묘사한다. 독자들은 오웰이 끊임없이 어떤 제품들과 작업 과정, 사건들을 의도, 결과, 목적들과 대조해가며 나열하는 데 주목해야 한다. 그것은 윈스턴이 살고 있는 세계를 더욱 끔찍하고 무섭게 느껴지도록 만드는 효과를 자아낸다. 예컨대, 평화부의 임무가 전쟁 수행이듯, 진리부의 임무는 거짓말을 만드는 것이다.

주제 탐색 이 장을 통해 독자들은 윈스턴의 직장 생활과 이 사회의 정치 제도를 더 잘 알 수 있게 된다. 그는 과거의 역사를 당의 이념에 맞춰 조작하는 일을 하고 있다. 빅 브라더는 절대로 오류를 범하지 않고, 영웅들은 당의 이익을 위해 목숨을 바친 사람들이며, 어떤 제품이든지 항상 예상치를 초과해서 생산한다는 식이다. 물론 모두 사실이 아니며, 이 책의 처음부터 끝까지 윈스턴을 괴롭히는 문제도 여기에서 기인한다. 즉, 어떤 사실이 당신 기억 속에만 존재하고, 그 기억을 지닌 사람도 당신 혼자뿐이라면, 무슨 증거로 그 일이 실제로 일어났다고 알 수 있겠는가?

Chapter 5

  ## 신어에 그렇게 깊은 뜻이…

점심시간에 윈스턴의 '친구' 사임이 '신어'의 원리에 대해 장광설을 늘어놓는다. 신어는 시간이 갈수록 어휘가 늘지 않고 줄어드는 유일한 언어로서 사람들의 사고의 폭을 성공적으로 축소시키고 있다. 사임은 2050년 무렵에는 모든 사람들이 '신어'에 능통해질 것이라고 장담한다. 그런 생각을 하자 윈스턴은 마음이 심란하지만 내색하지 않는다. 윈스턴의 옆집에 사는 파슨스가 두 사람의 테이블에 합석하여 반정통적인 행위를 끊임없이 감시하고 다니는 자기 아이들에 대해 말한다. 파슨스는 겉으로는 그 같은 아이들의 행동에 불편해 하는 듯 보이지만 결국 칭찬으로 말을 맺는다. 텔레스크린에서 큰소리로 방송이 나온다. 무엇보다 초콜릿 배급을 늘린다는 내용이 눈에 띈다. 바로 전날, 배급량이 줄었다는 사실을 또렷이 기억하는 윈스턴은 혼자만 그것을 기억하고 있는 것인지, 의아한 생각이 든다.

윈스턴은 창작국에서 일하는 검은머리의 여자(줄리아)가 자기를 쏘아보고 있다는 것을 눈치 채고 그녀가 사상경찰 요원이라고 확신한다. 그는 자신이 알고 있는 사람들, 그리고 그들이 나중에 증발될지 안 될지에 대해 골똘히 생각한다.

　〈1984년〉의 주제 중 하나는 언어다. 즉 언어가 타락하면, 사고가 오염된다는 것. '신어'의 권위자인 사임은 윈스턴에게 신어의 뉘앙스에 대해 의기양양하게 설명한다. 예컨대, 사람들은 언어가 새로운 발명품, 새롭게 발견된 난해한 것, 변화하는 시대와 태도에 대한 의사소통을 원활히 하기 위해 발전한다고 생각하는 반면, 사임은 정반대라고 설명한다. 그는 언어는 단어들을 '파괴'함으로써 간소화된다고 주장한다. 왜냐하면 동의어와 반의어 같은 일부 단어들은 실생활에 불필요하

고, 문제를 헷갈리게 할 뿐이라는 것. 요컨대 그의 논리는 이렇다. "'좋은(good)'이란 단어가 있는데, '나쁜(bad)'이란 단어가 왜 필요한가? '안 좋은(ungood)'이라고 하면… 정반대의 의미를 나타내기 때문에 더 낫다…" 같은 논리로 '더 좋다(plusgood)' 역시 더 이상 설명이 필요 없다. '구어(oldspeak)'는 '모호함과 쓸데없는 미묘한 차이'를 유발한다. 사임의 설명에 따르면, '신어'의 사명은 사고의 폭을 사상범죄가 불가능해지는 수준까지 좁히는 것이다.

주제 탐색 따라서 '신어'는 사고를 통제함으로써 행위를 조절하기 위해 창조된 언어인 셈이다. 오웰은 언어의 소멸이 궁극적으로 정치·경제적인 결과를 낳는다고 생각한다. 언어가 무기가 될 수 있다는 점을 경고하는 것이다. '신어'는 개인 간의 의사소통과 표현능력을 높이기 위해서가 아니라, 오로지 그것을 통제하기 위해 창조된 언어다. 이 소설에서 사고 범위의 축소는 이른바 당이 인민들에게 행사하는 주요 통제 수단인 '이중 사고'를 더욱 부추긴다.

Chapters 6, 7

 억눌린 욕망

6장에서 윈스턴은 늙은 매춘부를 찾아갔던 일을 일기장에 고백한다. 역겹고 불쾌하고, 하층계급인 매춘부와 벌인 일화는 즐거운 성적 경험에 대한 욕망을 더욱 부채질한다. 그리고 약 11년 전에 그의 삶에서 빠져나간 아내 캐서린을 떠올린다. 윈스턴이 당에 대한 캐서린의 고지식한 신봉 또는 그녀의 성적 냉담함을 견디지 못했기 때문에 헤어졌던 것이다.

7장에서 윈스턴은 하층민인 근로 계층이 반란을 일으켜 이 사회를 변화시켰으면 하는 바람을 일기에 적는다. 인구의 대다수를 차지하는 그들이 이 상황을 개선시킬 수 있다는 사실을 자각하기만 한다면 '당'을 전복시킬 수 있으리라고 확신하는 것이다.

윈스턴은 또 언젠가 한 카페에서 세 남자의 옆자리에 앉았던 기억을 떠올린다. 그들은 그 후 당의 적으로 몰려 체포당해 처형되었다. 윈스턴은 그 후 세 남자의 사진이 실린 기사를 자기 책상에서 우연히 발견한 적이 있었다. 한때는 그들이 당과 연합 관계였으며, 이른바 반역을 저질렀다는 시점에는 당의 어떤 식전에 참석중이었음을 증명하는 기사였다. 그것은 그들이 거짓 죄를 자백하도록 강요받았다는 뜻이다. 윈스턴은 이 한 조각의 진실된 역사와 그것을 그대로 기억하고자 하는 자신의 노력이 언젠가 들통이 나서 사상범으로 몰릴 것이라는 두려움 때문에 그 사진을 얼른 기억통 속에 던져버린다.

윈스턴은 사상에 대한 당의 통제에 대해 잠깐 생각한 다음, 유일한 자기편이라고 여기는 오브라이언을 위해 일기를 쓰고 있다는 사실을 깨닫는다. 그는 "자유란 둘 더하기 둘은 넷이라고 말하는 것이다. 그 자유가 용납된다면 여타의 모든 것은 이에 따르기 마련이다"라는 말로 그 날의 일기를 끝맺는다.

문학적 장치 당은 국민들 사이에서 일어나는 매우 은밀한 감정과 행위도 통제한다. 사랑과 성행위는 어린 나이에 배제되고, 당에 대한 충성만이 존속한다. 윈스턴은 당이 출범하기 전의 시대를 기억하기 때문에 여전히 능동적인 성적 충동을 느끼고 있다는 점에서 '부패한' 인간인 셈이다. 그는 이 사회에서는 더 이상 불가능한 애정 관계를 염원하고 있다. 그가 다양한 방식으로 반응하고 대응하도록 만들며 당에 반기를 드는 반란에서도 중요한 요소로 작용하는 억눌린 성적 욕망은 이 소설에서 주요한 동기로 떠오른다.

윈스턴은 순진하게 하층민들의 조직화가 당으로부터 이 사회를 해방시키는 유일한 방법이라고 믿는다. 그러나 그들에게는 지도자가 없으며, 그들은 삶의 향상보다는 냄비를 사는 일에 더 관심이 크다. 당의 슬로건대로 "노동자와 동물은 자유다." 윈스턴은 노동 계층의 상대적인 자유를 부러워하며, 그들이 어느 날 갑자기 당의 기만에 눈뜨기를 희망한다. 스탈린이 이끄는 옛 소련 같은 전체주의 정권도 이와 비슷한 인구 분포를 보여준다. 노동자 계층이 지도층보다 훨씬 숫자가 많지만, 그들은 잠재적 능력을 조직화하지도 무기화하지도 못한다. 따라서 무엇을 변화시키기에는 한없이 무력한 존재일 뿐이다.

주제탐색 독자들은 기억, 역사, 사실이란 주제들이 또다시 등장하는 것에 주목해야 한다. 전(前) 당원들의 사진은 당이 인민을 속이고 있고, 윈스턴의 기억이 정확하다는 것을 나타내는 유일한 증거다. 그럼에도 불구하고 그는 두려움과 선례 중 하나 때문에 그 사진을 파기한다. 물론, 그 사진을 보관했다면, 자신이 옳았다고 스스로에게 증명하는 것 외에도 여러 다른 목적을 위해 사용할 수 있었을 것이다.

선 대(對) 악이라는 개념은 이 소설의 전편에 흐르는 주제지만, 7장에서도 역사적 사건과 상식의 관점에서 매우 비중 있게 다루어진다. 윈스턴은 옳은 걸 옳다고 생각하는 것, 즉 '둘 더하기 둘은 넷'이라고 말할 수 있는 것이 자유라고 확신한다.

Chapter 8

 **과거의 기억과 역사**

　　윈스턴은 인근에 있는 한 노동자 마을을 산책하기로 한다. 늘 있는 일이지만, 산책 도중에 근처에 폭탄이 떨어진다. 다행히 그는 다친 데 없이 산책을 계속하다가 잘린 노동자의 손을 발견하고 도랑으로 차버린다. 그는 술집으로 들어가 한 노인에게 전쟁 이전의 시대에 대해 말을 건넨다. 노인은 윈스턴의 질문에 명료하지 않은 말투로 얼버무린다. 잠시 후, 그는 전에 일기를 구입했던 고물상을 찾아가 주인인 채링턴과 잠시 대화를 나눈다. 윈스턴에게 오래된 문진*을 판 그는 2층 방을 보여준다. 윈스턴은 그 방에 텔레스크린이 없다는 사실에 충격을 받는다. 그리고 윈스턴에게 교회 그림을 보여준 그는 어떤 동요의 시작 부분을 가르쳐주기도 한다. 윈스턴은 그림 속의 교회가 시내에 있는 미술관이란 것을 알게 된다.

　　윈스턴은 고물상에서 나오자마자 창작국에서 일하는 검은머리의 여사를 발견한다. 그는 그녀가 자신을 미행하고 있다고 확신하면서, 돌이나 방금 산 문진으로 그녀의 머리를 박살내는 모습을 상상하고 두려움에 사지가 마비된다. 그리고 꿈속에서 오브라이언이 했던 "우리는 어둠이 없는 곳에서 만나게 될 거야"란 말을 떠올리며 사상범으로 체포되는 순간에 대

---

* **문진**(文鎭): 글을 쏠 때 종이가 움직이지 않도록 누르는 도구.

해 깊이 생각해 본다. 제1부의 마지막인 이 장은 당의 세 가지 슬로건을
반복하면서 끝을 맺는다.

　　제1부의 마지막 장에서 윈스턴은 과거와의 연결고리를
찾는 중대한 시도를 한다. 그는 자신의 행동이 고문과 죽음을
의미한다는 것을 잘 알지만, 자신은 혼자가 아니며 누군가 다
른 사람들도 자기처럼 행동할 것을 희망하며 이런 탐색 활동
을 계속한다. 윈스턴이 이렇게 과거와 호기심, 기억과 역사에
대해 능동적인 태도를 취하는 것은 이 소설에서 처음 등장하
는 모습이고, 그의 불행한 운명을 결정짓는 것도 이런 행동이다.
채링턴 씨가 운영하는 고물상은 있는 그대로의 과거를
상징하는 것으로서 윈스턴에게는 중요한 발견이다. 윈
스턴은 고물상에서 문진과 동요의 일부를 발견하나, 그것들의
용도는 그에게 수수께끼로 남는다. 이런 물건은 이 소설에서
상징적인 요소를 나타낸다. 문진은 이 시점에서 과거의 수수
께끼와 매력을 나타내지만, 나중에는 윈스턴과 줄리아의 관계
를 상징한다. 문진의 한가운데 있는 산호는 희귀성을, 그리고
그것이 유리 속에 박혀 있어 만질 수 없다는 사실은 윈스턴의
인생을 감싼 문제를 나타낸다. 그는 과거를 알고자 하지만 그
주변에 너무 많은 장애물들이 접근을 가로막는다. 동요 가락

의 일부는 이 소설의 뒷부분에서 주요 인물들을 잇는 끈이자 윈스턴이 영원히 갈구하는 일종의 노스탤지어의 상징으로 작용한다.

오웰은 어둠이 없는 곳과 당의 무시무시한 슬로건에 대해 생각하는 장면으로 이 장의 막을 내린다. '어둠이 없는 곳'에 대한 윈스턴의 생각을 당의 슬로건과 대비시켜 윈스턴이 살고 있는 환경의 전지전능하고 불길한 예감을 자아내는 속성을 다시 한 번 강조하고, 오브라이언, 당, 빅 브라더 사이의 불길한 관계를 암시하는 것이다.

제 2 부

Chapter 1

 ### 줄리아와의 데이트

윈스턴이 직장에서 복도를 걸어가고 있는데 줄리아가 바로 앞에서 넘어지며 팔을 다치는 일이 벌어진다. 그녀의 팔에는 삼각붕대가 둘러져 있다. 사상경찰의 일원인 그녀는 자신과는 반대편인 것이 확실했지만 그녀를 도와 일으켜준다. 그녀는 그 틈을 타서 쪽지를 손에 몰래 쥐어주고는 가던 길을 계속 간다. 윈스턴이 한참 기다렸다가 펼쳐 보니 "당신을 사랑합니다"라고 쓰여 있다.

윈스턴은 그날 내내 일에 집중하지 못하고 그녀를 만날 방법을 궁리한다. 그 후 며칠 동안, 여러 번 구내식당에서 그녀의 모습을 보지만, 대화할 기회를 잡지 못한다. 당연히 그곳에서는 사생활의 자유가 보장되어 있지 않기 때문이다. 마침내 기회를 포착한 두 사람은 빅토리아 광장에서 만나기로 약속한다. 그 만남의 자리에서 줄리아는 은밀한 계획을 짜서 윈스턴에게 제시한다. 두 사람은 운집한 군중 속에서 손을 잡고 선 채, 포로들의 수송 행렬을 쳐다본다. 윈스턴은 자신의 바람과는 달리, 줄리아의 눈 대신 늙은 포로의 눈을 응시할 수밖에 없다. 그녀의 눈을 쳐다보는 것은 너무 위험하기 때문.

제1부는 주로 윈스턴과 그의 행동 동기, 두려움, 욕망, 직장 생활, 성격 등이 묘사되어 있다. 지금부터 이어지는 몇 개의 장에서는 줄리아에 대한 이야기가 전개된다. 그녀는 윈스턴과 여러 면에서 대비되는 인물이며, 당 창건 이전의 역사를 지니고 있지 않다. 그녀는 현 정치 질서의 소산인 셈. 줄리아는 윈스턴과 함께 음모를 꾸미는 공모자지만, 성격 면에서는 크게 대조적이다. 윈스턴이 염세적 운명주의자인 데 반해, 줄리아는 낙천적이고 현실적이며, 운명을 있는 그대로 받아들인

다. 또한 관능적이고 성적이다. 두 사람은 윈스턴이 그토록 갈망해 왔던 관능적인 정사를 즐길 것이다.

이 장에서 오웰은 윈스턴이 겪고 있는 갈등의 본질을 드러낸다. 그것은 필연적으로 그의 파멸을 낳을 것이다. 지금까지 윈스턴은 특별히 신경 쓸 이유가 없는 틀에 박힌 일과나 열심히 하는 외부당의 평당원에 불과했다. 예외가 있다면, 그의 머릿속에 자라고 있는 반전통적인 사상과 일기를 쓰기 시작했다는 점뿐. 그는 생각과 느낌을 실천에 옮기고, 타인의 인생에 개입하기로 결심한다. 그가 살고 있는 세계의 정치적 환경을 고려하면 매우 위험한 모험이다. 윈스턴의 반당 행위에는 이제 다른 사람도 개입되어 있다. 더 이상 단순한 '사상 범죄'가 아니며, 다른 사람과의 금지된 행동을 수반하는 공공연한 행위다. 위험수위는 분명히 더 높아졌다.

주제 탐색 의사소통 수단인 언어의 억압은 이 소설에서 하나의 보편적인 주제로서 이 장에서도 부각되고 있다. 편지들은 개봉해서 검열당하거나 미리 쓰여진 범용 엽서에 발신자가 적당한 문장을 처넣는 방식, 둘 중에 하나라는 설명이 덧붙여져 있다. 오웰이 줄리아를 일종의 작가로 묘사한 사실도 재미있다. 오웰에 따르면, 진정한 문학은 전체주의 사회에서는 존재할 수 없다. 정신의 자유와 표현의 자유가 없기 때문이다. 글을 쓰려면 작가는 두려움 없이 생각할 수 있어야 하며, 그 과정에서 정치적으로 협박 받지 않아야 한다. 두려움 없이 생각하기란 오세아니아국에서는 불가능한 일이다.

문학적 장치 수송중인 포로들과 그들에 대한 군중의 반응은 중요하다. 포로들은 당이 대중을 조종하고 통제하는 수단으로 전쟁을 어떻게 이용하는지를 여실히 보여준다. 윈스턴은 포로들에게서 동질감을 느낀다. 즉 그들의 얼굴은 두 번이나 '슬프다'고 묘사되고, 특히 한 포로는 눈이 '애수에 잠겨 있으며', 머리가 '새집처럼 텁수룩하다'고 되어 있다. 죄수의 머리칼을 새를 연상시키는 '새집'이란 단어로 묘사한 것은 약간 반어적이다. 새는 보편적으로 자유의 상징으로 여겨지며, 이 소설의 다른 대목에서도 비슷한 의미로 쓰이고 있다. 윈스턴은 줄리아를 생각하면서 포로의 눈을 응시한다. 이 장면은 뒷부분에서 체포되는 윈스턴과 줄리아의 불길한 운명을 암시한다.

Chapters 2, 3

본능에 충실하는 줄리아

윈스턴과 줄리아는 시골에서 만난다. 그들은 줄리아가 전에 다른 남자들과 드나들었던 은신처에서 잠시 대화를 나눈다. 그들은 목장의 끝까지 산책하는데, 윈스턴은 그 목장이 꿈에서 자주 보았던 '황금의 나라'라고 생각한다. 새 한 마리가 두 사람 옆으로 날아와 나뭇가지에 앉자, 윈스턴은 그 새의 존재에 대해 진지하게 생각한다. 은신처로 돌아온 윈스턴과 줄리아는 관계를 갖는다. 윈스턴은 줄리아가 전처와는 달리 육체적 접촉을 좋아하며 다른 당원들과 상당히 자주 섹스를 즐기고 있다는 사실을 알아차린다. 윈스턴은 당 내에서 부패와 반정통적인 행위들이 자주 저질러진다는 것을 알고 기쁨을 느낀다. 그들은 은신처를 떠나면서 그곳에서 다시 만날 것을 약속한다. 그러나 이번에는 폐허가 된 교회의 종루에서 만난다.

줄리아는 전체주의의 절대 권력에 억압된 인간의 심리 상태를 상징적으로 보여준다. 전체주의 권력은 개성, 창의성, 그리고 개개인의 인간관계를 모두 억압한다. 그녀

는 당의 노선에 절대 순종하는 정통파 당원으로 보이지만 '자유' 시간에는 정반대의 행동만 골라서 한다. 예전에는 반(反) 섹스 청년동맹에 속해 있으면서도 당원들과 성행위를 즐겼는가 하면, 증오주간에 쓸 현수막을 준비하면서도 당에서 펼치는 그런 류의 활동은 아무 짝에도 쓸모없는 짓이라고 생각한다. 윈스턴이 직접적으로 교류하는 사람들은 한결같이 생각 따로, 행동 따로 하면서 살아가는, 일종의 사회·정치적 정신분열 증상을 보인다.

문학적 장치 윈스턴과 줄리아가 처음 단둘이 만난 '황금의 나라'는 윈스턴이 줄리아가 그곳에서 옷을 벗어 던지는 꿈을 꾸었던 때 제기되었던 상징적인 주제다. 초원에서 본 새는 분명히 윈스턴이 열망하는 종류의 자유를 상징한다. "누구를 위해, 무엇을 위해, 저 새는 노래하고 있을까?" "친구도 적도 봐주지 않는데. 어찌하여 저 외로운 가지 끝에 앉아 무의 세계 속에 노래를 퍼붓는가?" 이 질문은 윈스턴이 줄리아와의 새로운 관계, 그리고 실제로는 빅 브라더와의 관계에 대해 스스로에게 던지는 것이다. 새는 윈스턴이 갈망하는 존재가 아니라고 할 수 없다.

아내 캐서린과 얽힌 옛 일은 이 사회에서 더 옳고 바람직하다고 할 수 있는 그녀의 섹스관을 설명해 준다는 점에서 중요하다. 여기서는 같은 뿌리에서 자라나는 두 가지 색깔의 꽃이라는 또 하나의 상징적 사건이 소개된다. 두 꽃송이는 각각 윈스턴과 캐서린 또는 윈스턴과 줄리아이고, 뿌리는 두 사람이 공유하는 것으로서 그들의 자연스러운 개성과 차이점을 지탱해 주는 존재를 상징한다. 둘 다 같은 뿌리에서 파생되었으나 생각은 판이하다.

3장 말미에 나오는 대화는 윈스턴과 줄리아의 차이를 극명하게 보여준다. 윈스턴은 영원한 비관주의자지만, 줄리아는 영원한 낙관주의자다. "우린 죽은 몸이야"라는 윈스턴의 말에 줄리아는 "아직 안 죽었어요"라며 무시하고는 평소대로 그를 껴안음으로써 다시 육체적인 탐닉에 몰입한다. 줄리아는 육체적 본능에 몰두해 있는 반면, 윈스턴은 좀더 내향적이다. 그러나 당에 대항한다는 사실 하나만으로도 둘이 하나가 되기에는 족하다.

Chapter 4

 **편안한 행복 속의 불안**

윈스턴은 일기장과 유리 문진을 샀던 고물상 주인 채링턴 씨를 만나 그 집의 2층 방을 줄리아와의 밀회를 위해 임대한다. 줄리아를 기다리던 그는 노동 계층의 여인이 창문 아래서 부르는 노래 소리를 듣는다. 그 노래는 사람의 개입 없이 작곡하는 이른바 운작기(韻作器)로 만들어진 인기 가요다. 그는 밀회용 방을 잡는 어리석은 행동과 그것으로 인한 궁극적인 결과, 즉 체포와 죽음에 대해 곰곰이 생각한다.

줄리아는 진짜 커피, 설탕, 빵, 잼, 차 등, 내부당원들만 쓰는 사치품을 잔뜩 갖고 온다. 줄리아는 화장을 하고 향수를 바르는데, 모두 법으로 금지된 것이다. 윈스턴과 줄리아는 관계를 가진 후 잠든다. 잠에서 깨어난 줄리아는 방구석의 구멍에서 머리를 내밀고 있는 쥐를 한 마리 발견한다. 윈스턴이 나약하게 쥐를 겁내자, 줄리아가 쥐구멍을 막아주겠다며 다독인다. 윈스턴이 채링턴 씨가 수주일 전에 가르쳐준 동요를 부르기 시작하자 줄리아는 신기하게도 후렴 부분을 이어 불러 노래를 마무리한다. 그녀는 할아버지에게서 그 노래를 배웠다. 윈스턴은 유리 문진을 바라보며 그것과 그것이 두 사람의 인생에서 무엇을 상징하는지에 대해 골똘히 생각한다.

노동 계층의 여자가 부르는 노래는 윈스턴은 깨닫지 못하지만, 줄리아와의 관계에 대해 갖고 있는 그의 속내를 나타낸다. 그는 이제 줄리아가 밀회 계획을 깨면 속이 뒤집힐 정도로 그녀를 훨씬 많이 좋아하게 되었다. 실제로 그들은 이제 현재는 금지된 종류의 자유를 호사스럽게 누렸던 과거의 '진짜' 사람들처럼 살기 시작했다. 이 장에서는 두 사람 사이에 일종의 가정생활이 형성된 듯한 모습을 보여준다. 물론, 예전에는 둘 다 누리지 못했던 일종의 안락한 재미다. 그러나 줄리아는 모르지만, 윈스턴은 그 안락함이 거짓이며 언젠가는 체포될 것을 잘 알고 있다. 윈스턴이 생각하는 유일한 문제는 그때가 언제인가, 라는 점뿐이다.

문학적 장치 자세한 묘사가 반복되거나 강조되면, 독자들은 어김없이 그것의 의미 내지는 소설에서의 기능에 주목할 것이다. 이 장은 쥐에 대한 윈스턴의 두려움, 악몽, 동요, 그리고 문진처럼 앞서 언급된 상징들을 강조하고, 도입하고, 되새긴다. 벽 틈으로 머리를 내밀고 있는 쥐는 두 가지 상이한 사건을 불길하게 암시한다. 두 사건 모두 그들의 체포와 관련되어 있다. 윈스턴이 쥐를 두려워한다는 사실은 이 소설의 후반부에서 그를 결정적으로 무너지게 만드는 사건과 관련이 있다. 성 클레멘트 데인의 그림은 또 하나의 동요를 연상시키는 것 외에, 두 사람의 몰락의 원인이 된다.

줄리아가 쥐 앞에서 벌벌 떠는 윈스턴을 위로할 때, 그는 어둠의 벽 앞에 서 있는 자신의 모습이 반복해서 나타나는 악몽에 대해 골똘히 생각한다. 꿈에서는 그 벽 뒤의 끔찍한 것이 무엇인지 알면서도 용감하게 맞서지 못한 채 잠에서 깬다. 벽 뒤에 숨어 있는 것은 상징적인 동시에 현실적인 것이기도 하다. 벽이라고 은유되는 것 뒤에는 윈스턴의 운명이 있다. 그들이 만나는 방의 벽 뒤에는 바로 텔레스크린이 숨겨져 있는 것이다.

윈스턴은 줄리아가 그 동요를 알고 있다고 말한다. 그것은 '암호', 즉 그에게는 아직도 수수께끼 같은 비밀 신호다. 그러나 그 노래가 "그대 목을 댕강 자른 도끼가 오네!"라는 가사로 끝난다는 것을 안다. 이것은 윈스턴에게 나쁜 조짐을 암시한다. 그 노래가 자신과 타인들을 분리시킨다는 것을 아직 모르고 있는 그는 영원한 국외자다.

문진의 이미지가 이번에는 윈스턴과 줄리아의 관계를 나타내는 상징으로 등장한다. 윈스턴은 문진을 자기 자신의 상징으로 여기고, 그 속에 갇혀 있는 자기들을 '수정 같은 물질의 한가운데에 영원히 고정된' 산호라고 생각한다. 윈스턴의 인식이 대체로 반어적이기 때문에 독자들은 지금쯤 그처럼 지나치게 낙관적인 진술은 궁극적으로 산산조각 나리란 것을 깨달아야 한다. 오세아니아국에는 빅 브라더와 관련된 것을 제외하고는 '영원성' 따위는 없다.

Chapters 5, 6

 오브라이언의 접근

윈스턴은 직장으로 돌아오고, '신어' 전문가인 사임은 사라진다. 증오주간을 위한 준비 때문에 런던 전역이 분주하다.

윈스턴과 줄리아는 채링턴 씨의 고물상 이층 방에서 계속 만난다. 두 사람 모두 이제는 만남이 오래 지속되지 못할 것임을 알고 있다. 그들은 전쟁에 관해 이야기한다. 줄리아는 전쟁은 실제로 일어나고 있지 않다고 믿는다. 그들은 증발하는 사람들에 대해서도 이야기를 나눈다. 그리고 결혼과 적극적인 반당행위 참여에 대해 백일몽을 꾼다. 윈스턴은 역사는 끊임없이 변한다는 사실을 납득시키려 하지만 줄리아는 그런 사실에 담긴 중요한 의미를 알지 못한다. 그녀는 과거나 다음 세대에는 무심하고 윈스턴과의 관계에만 관심이 있다.

윈스턴이 직장으로 돌아오니 내부당원인 오브라이언이 다가와 타임스 지에 기고한 그의 기사를 칭찬한다. 오브라이언이 사임에 대해 말을 한다. 사임은 현재 '무인(無人)'이며, 입에 올려서도 안 되는 이름이다. 윈스턴은 이 대화를 오브라이언이 자기편이란 신호로 받아들인다. 오브라이언은 신어사전 최신판을 빌려주겠다며 자기 집 주소를 적어준다. 윈스턴은 오랫동안 기다려온 순간이라고 생각하면서도, 한편으로는 이 일로 인해 때 이른 죽음을 맞이할 운명에 처해지리란 것을 감지한다.

5장은 독자들에게 시간의 경과를 알리면서, 오웰이 건너 뛴 수개월 동안 일어난 사건들을 상세히 전하며, 윈스턴과 줄리아의 차이점도 부각시킨다. 윈스턴은 줄리아와 동지 관계지만, 사상 면에서는 근본적으로 여전히 혼자다.

이 장은 또 사임의 증발 사실을 소개함으로써 다음 장에서 오브라이언이 그에 대해 언급하고, 결과적으로 윈스턴이 오브라이언의 비정통 사상에 맞장구를 치는 계기가 된다. 사임의 실종은 윈스턴과 오브라이언의 관계에 밑바탕을 형성하는 역할도 한다. 윈스턴이 이 소설의 앞부분에서 사임의 실종을 예견했다는 사실을 상기하라. 더구나 윈스턴과 오브라이언의 만남은 윈스턴이 오브라이언과의 눈맞춤에 대해 언급한 1장에서 이미 암시된 바 있다.

인물 탐색 윈스턴은 사전을 빌려주겠다는 오브라이언의 제안을 핑계로 보고, 그가 당에 불충하다는 자신의 판단이 옳다고 믿으면서 그의 호출에 충실히 따를 것임을 깨닫는다. 이 결정은 지금까지 묘사된 모든 사건들이 합쳐져 탄생한 순간으로, 이 소설에서 하나의 전환점 내지는 절정을 이룬다. 돌이킬 수 없는 결정을 내린 윈스턴은 개인적으로 최대의 전환기에 놓여 있다. 그는 운명으로부터 비껴가는 길을 선택할 수 있지만, 껴안는 쪽을 선택한다. 이 시점부터 그는 운명의 지배를 받게 되며 닥쳐오는 일을 저지하기에는 무력하다.

Chapters 7, 8

 ## 오브라이언을 찾아가는 윈스턴과 줄리아

뒤숭숭한 꿈에서 깨어난 윈스턴은 어머니의 죽음이 자기 탓이라고 줄리아에게 고백한다. 그는 너무 배가 고파 음식을 구걸하러 다니던 어린 시절을 떠올린다. 어느 날 작고 허약한 누이동생의 초콜릿 한 조각을 훔쳐 밖으로 도망가 먹고 나서는 몇 시간 있다 집에 돌아간 적이 있었다. 그것이 엄마와 누이동생을 마지막으로 본 때였다. 어머니가 누이동생을 껴안고 있는 기억 때문에 윈스턴은 노동 계층과 사회적 조건에도 불구하고 그들 역시 인간이란 사실에 대해 생각한다.

윈스턴과 줄리아는 그들의 관계와 체포되었을 때의 기분이 어떨지에 대해 대화를 나눈다. 줄리아는 두 사람이 자백을 하겠지만, 그렇다고 당이 '마음속까지는 지배할 수 없으므로' 자기들에게 그 자백을 믿도록 만들 수는 없을 것이라고 확신한다. 윈스턴도 이 말에 동의한다.

윈스턴과 줄리아는 함께 오브라이언의 집으로 찾아가 자기들이 당의 적이라고 고백한다. 오브라이언은 당을 없애기 위해 결성된 비밀 조직 '형제'에 대해 설명해 주고, 윈스턴과 줄리아를 가입시킨다. 두 사람은 많은 활동을 수행하겠다고 맹세하지만, 두 사람이 다시 만나지 말라는 조건은 거부한다. 오브라이언은 윈스턴이 골드슈타인의 불온한 작품인 '책'을 받도록 조치를 취한다. 오브라이언이 떠나는 윈스턴에게 "우리는 다시 만나게 될 걸세"라고 말하자, 윈스턴은 "어둠이 없는 곳에서요?"라고 묻는다.

이에 오브라이언은 긍정의 대답을 한다. 윈스턴은 떠나기 전에 채링턴 씨가 가르쳐준 동요의 마지막 소절을 아는지 오브라이언에게 묻고, 그가 정확하게 부르자 크게 놀란다.

어머니와 누이동생에 대한 윈스턴의 기억은 독자들에게 그의 과거, 나아가 성인으로서의 인격, 현재와 같은 행동을 하는 이유 등에 관해 많은 단서를 제공한다. 그는 아이를 껴안는 등의 동작을 정치적 목적 없이, 단지 그 행위 자체가 좋다는 이유로 하던 시대가 있었음을 기억한다. 이 기억과 더불어 그는 오로지 빅 브라더에 대한 의무 때문에 그런 짓을 하는 당원들과는 달리, 그냥 좋아서 그런 행동을 하는 하층민들을 떠올리면서 그들이 이 사회의 인간성을 회복시킬 수 있는 유일한 희망이라고 다시 한 번 생각한다.

하층민들에 대한 이런 생각으로 인해 윈스턴은 줄리아와 매우 중요한 대화를 나누게 된다. 그들은 체포될 경우의 행동 계획을 논의하면서, 모든 것을 자백하겠지만 진짜 '생각'은 바뀔 수 없으며, 천하의 빅 브라더라도 마음속까지 들어올 수는 없을 것이라고 확신한다. 그리고 당이 두 사람에게 상대방에 대한 정보를 발설하게 만들 테지만 서로에 대한 사랑을 멈추게 하지는 못할 것이란 점에도 동의한다. 이 대화

는 이 소설에 나타난 가장 큰 역설 중 하나이며, 윈스턴과 오브라이언, 그리고 윈스턴과 줄리아 사이에 일어날 불길한 운명을 암시한다.

윈스턴은 오브라이언이 빅 브라더의 독재에 대한 해결책을 갖고 있으리란 희망에서, 그와 만나겠다는 결심을 실천한다. 윈스턴과 줄리아는 '형제'라는 비밀 조직이 정말로 존재한다는 것을 알고는 오브라이언이 발생할 수 있는 끔찍한 결과를 들려주었음에도 불구하고 즉시 가입한다. 그들은 빅 브라더와 당에 대한 증오로 '형제'에 보탬이 되는 일은 무엇이든 마다하지 않겠다고 굳게 다짐하면서도, 두 사람이 다시는 만나지 말라는 말은 받아들이지 않는다.

오브라이언에게 보여준 솔직한 태도로 인해 결국 두 사람 관계가 파국을 맞는 얄궂은 운명에 처하게 된다. 나중에 오브라이언은 두 사람에게 만일 살아남더라도 서로 알아보지 못할 것이며, 전혀 딴 사람으로 변해 있을 것이라고 말한다. 여기서 오웰은 다시 한 번 훗날 일어날 사건을 암시한다. 오브라이언이 그 동요의 뒷부분을 알고 있다는 사실은 그 노래가 윈스턴의 종말의 시작을 의미한다는 점에서 주목할 만하다. 그리고 노래 후렴구가 오브라이언의 입에서 나온다는 사실은 이 소설의 뒷부분에서 그가 윈스턴을 능숙하게 '끝장내는' 사건들을 생각하면 매우 오싹한 일이다.

Chapters 9,10

 ## 체포되는 두 사람

윈스턴은 진리부에서 장시간에 걸쳐 지난 5년 동안 당이 발표한 모든 문서의 오류를 '수정'하느라 녹초가 된다. 적이 바뀌면서, 역사를 처음부터 다시 쓰게 된 것. 윈스턴은 앞서 열린 증오주간 행사 때 '형제'에서 나온 익명의 인물로부터 '책'을 받아 채링턴 씨의 고물상 2층 방에서 처음에는 혼자, 그리고 나중에는 줄리아와 함께 읽는다. 그 책에는 당의 역사와 이념에 대한 글이 담겨 있다. 책에서 읽은 내용을 곰곰이 생각한 윈스턴은 새로운 부분이 전혀 없다는 것을 깨닫는다. 윈스턴은 당의 강령이 '어떻게' 만들어졌는지는 이미 알고 있었고 정말 알고 싶은 것은 당의 강령이 만들어진 '이유'이기 때문이다.

윈스턴은 줄리아와 함께 잠든다. 잠을 깬 그들은 밖에서 빨래를 널면서 노래를 부르고 있는 하층 계급 여인과 그들이 처음 만난 날 보았던 새의 노랫소리에 대해서 이야기한다. 그때 갑자기 벽에 걸린 그림 뒤편에서 목소리가 들려온다. "너희들은 죽었다." 그림 뒤에는 텔레스크린이 있었다. 윈스턴과 줄리아는 그 자리에서 체포된다. 채링턴 씨는 사상경찰 요원으로 밝혀진다.

9장과 10장은 이 소설의 전반부에 소개된 모든 사건들이 절정을 이루는 부분이다. 윈스턴은 비밀 조직 '형제'의 일원이라고 생각하며 새로운 지위를 마음껏 누리면서 이 소설에서 처음으로 편안한 모습을 보인다. 그리고 경계심이 느슨해지기 시작하면서 본인 스스로 체포 따위와는 무관한 사람으로 생각한다. 오브라이언이 건넨 책은 오세아니아 사회가 궁극적으로 변화될 수 있으리란 희망을 심어준다. 윈스턴처럼 독자들도 그릇된 안도감의 늪에 빠져 밝은 미래를 상상한다. 그러나 앞서 발생한 모든 사건들의 사례와 이 소설의 전편에 흐르는 역설을 감안하면, 실체는 표면에 드러난 것과는 항상 정반대라는 사실을 알아야 한다.

문학적 장치 윈스턴이 책에서 읽는 두 부분, 즉 과두 독재적 집산주의에 대한 내용이 9장의 대부분을 차지한다. 이 장황한 정치 논문에는 경제 이론, 계급 투쟁론, 기타 사회·정치적 문제에 대한 칼 마르크스와 레온 트로츠키의 견해를 포함해 많은 이론들이 혼합되어 있다. 독자들은 이 대목을 통해 오세아니아국의 역사와 이념에 대해 좀더 많은 배경 지식을 얻을 수 있다. 오웰은 이 삽입문으로 반전체주의를 강조하기 위한 소설 속의 행동들을 말로 뒷받침하는 효과를 얻고 있다. 게다가 이 책은 다른 이름으로 불리는 전체주의 국가가 두 개 더 있

긴 하지만, 두 나라 모두 본질적으로는 오세아니아국과 다를 바 없음을 보여준다. 오웰은 이런 식으로 윈스턴과 줄리아의 탈출이 불가능한 현실임을 나타낸다.

이 두 장은 상징주의, 그리고 소설 전편에 반복적으로 등장하는 이미지와 주제들로 가득 차 있다. 윈스턴이 한때 우둔하고 무지한 존재로 보았던 그 노동 계급 여인은 이제 '아름다운' 존재로 돌아오고 그와 줄리아가 결코 얻을 수 없는 자유의 상징으로 묘사된다. 그 여인의 노래는 두 사람이 처음 만난 날 보았던 새를 연상시킨다. 물론, 그 새는 궁극적인 자유와 행동을 위한 행동을 상징한다. 윈스턴은 그날 새가 자신들을 위해 노래했다고 말하지만, 줄리아는 새는 그저 노래하기 위해 노래했을 뿐 그 이상의 의미는 없다고 생각한다.

두 사람이 체포될 때 채링턴 씨의 목소리가 텔레스크린에서 나오는데, 그는 이 소설의 앞부분에서 순진무구한 노인으로 위장하고 있을 때처럼 두 사람의 말을 그대로 따라한다. 채링턴 씨는 무시무시하고 암시적으로 그 동요의 후렴부를 마무리한다. 이것으로써 상징 하나는 정체를 드러내는 셈이다. 윈스턴과 줄리아의 정사가 종말을 고하는 것처럼 노래도 완결된 것이다. 텔레스크린은 존엄과 성역의 상징인 교회 그림 뒤에 숨겨져 있었다. 교회마저 감시와 체포의 도구로 사용된다는 점에서 신성모독의 분위기가 풍긴다.

문학적 장치 ▶ 하나의 상징으로 다시 등장한 유리 문진은 두 사람이 체포되는 과정에서 산산조각 난다. 윈스턴은 문진 속에 들어 있던 산호가 유리 밖으로 나오니 실제로 매우 작다고 말한다. 문진은 윈스턴과 줄리아의 관계를 나타낸다. 그들의 관계도 산호처럼 노출되었으며, 빅 브라더의 눈 밑에서는 벌거벗고 작은 존재이기 때문이다.

윈스턴과 줄리아는 체포를 피하려 하지 않고 순순히 굴복한다. 빅 브라더의 힘에 맞서 공개적으로 싸운다는 것은 상상할 수 없는 일이라고 생각하는 그들은 그 사회의 진정한 산물이라고 할 수 있다. 제2부 말미에서 두 사람은 격리되고, 자신들의 불길한 운명을 분명히 인식하고 있다.

제 3 부

Chapter 1

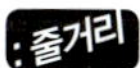 **: 줄거리**

감방 안에서

윈스턴은 사랑부의 감방에 갇힌다. 감방에는 창문도 없고, 죄수의 일거수일투족을 감시하는 텔레스크린이 설치되어 있다. 그는 감방 안에서 다른 죄수인 술 취한 여인을 만난다. 그녀는 자신의 성(姓)도 스미스라며, 자기가 윈스턴의 어머니인지 모르겠다고 말한다. 윈스턴도 그 말을 부인할 수 없다. 윈스턴은 줄리아와 오브라이언에 대해 생각한다. 시인이자 윈스턴의 동료였던 앰플퍼스가 윈스턴이 있는 감방으로 들어온다. 그들은 잠시 자신들의 '죄과'에 대해 속삭이고, 앰플퍼스는 101호실로 이감된다. 놀랍게도, 이웃집 사람인 정통파 파슨스도 감방 안으로 들어온다.

윈스턴은 줄리아와 그녀에게 일어날 일에 대해 상상하기 시작하다. 그는 그녀가 지금 고통받고 있을 것이라고, 어쩌면 자신보다 더 가혹한 고통에 시달리고 있으리라 생각하면서 그녀의 목숨을 구할 수만 있다면 그녀가 받는 고통의 두 배도 감수하겠다고 다짐한다. 하지만 그런 결심은 그저 '지적인 결심'에 불과하다는 것을 깨닫는다. 감방 안에서는 여러 죄수들과 관련된 일련의 지저분한 사건들이 일어나고, 잠시 후 오브라이언이 감방 안으로 들어온다. 윈스턴은 처음엔 오브라이언 역시 잡혔다고 생각하나, 이내 그가 자신을 배신했다는 진실을 깨닫는다.

　　이 장에서 벌어지는 일들은 사실 불가피했던 사건들이 실현된 것일 뿐이다. 윈스턴은 일기를 쓰기 시작한 순간부터 예감한 대로 체포되었다. 그리고 언젠가는 사랑부에 투옥되리라고 예상했다. 하지만 앞서 쓸데없는 짓을 많이 하고 꿈속에 사는 인간으로 묘사된 앰플퍼스, 지극히 열성적인 당의 지지자로서 당이 외부당원들에게 요구하는 자질을 모두 갖춘 듯한 파슨스 등, 범죄와는 전혀 상관없어 보이던 사람들을 감방에서 만나게 되리라고는 꿈에도 생각하지 못했다.

주제 탐색 앰플퍼스는 한 시구(詩句)의 끝에 있던 '신(God)'이란 단어를 운율 때문에 삭제하지 않은 죄로 당국에 체포되었다고 믿고 있다. 오웰은 여기서 다시 한 번 작가에 대한 압제란 주제를 제기하고 있다. 오웰은 수필 "문학의 예방 The Prevention of Literature"(1946)에서 "아무리 가혹한 독재체재에서도 작가 개개인이 마음속으로는 자유를 누리며 비정통적인 사상을 멍청한 당국이 감지하지 못하도록 증류하거나 위장해서 드러낼 수는 없는 것일까?"라는 질문을 던진다. 분명히 오웰은 이 작품에서 그 문제를 시험하고 있으며, 앰플퍼스가 그것으로 인해 벌을 받고 있다. "작가는 전체주의의 압제에서는 자유를 누릴 수 없다."

문학적 장치 여기서 줄리아의 고통을 대신 떠맡고 싶다는 윈스턴의 말은 주목할 만하며, 이내 그런 생각이 수시로 떠오른다. 이 말은 나중에 윈스턴과 오브라이언 사이에서 발생하는 결정적인 사건과 궁극적으로는 자기의 감정에 충실한 윈스턴의 태도를 예고한다. 윈스턴은 줄리아의 고통을 떠맡을 것이라고 말하는 순간에도 말과 실제 행동은 전혀 다르다는 것을 알고 있는데, 결국 윈스턴과 오브라이언 사이에서 일어나는 사건에서 실감하게 된다. 윈스턴은 줄리아를 사랑한다는 것은 '알고' 있지만 지금 이 순간에는 그 사랑을 '느끼지' 못한다. 종말의 시작은 다가오고 있으며, 줄리아에 대한 사랑이 가슴으로 느끼는 감정이 아니라 지적인 활동으로 변형되고 있다는 사실은 오브라이언과의 관계가 끝장나면서 그의 내면에서 일어나는 변화를 예고한다.

윈스턴은 이제 사랑부가 바로 '어둠이 없는 장소'라는 것을 깨닫는다. 실제로 사랑부는 결코 전등을 끄지 않는다. 이것은 앞서 언급했던 또 하나의 예언이자 역설이 현실화된 사례다. 다시 말해, 윈스턴의 예감은 나중에 명백한 정반대의 의미로 나타난다.

Chapters 2, 3

 **'치료'받는 윈스턴**

윈스턴은 교도소 감방에 누워 있다. 그는 이곳에서 끊임없이 고문당하며 여러 날째 갇혀 있고, 오브라이언은 윈스턴의 '치료' 과정을 감독하고 있다. 결국 윈스턴에 대한 치료를 직접 떠맡은 오브라이언은 윈스턴이 질문에 정확히 대답하지 않으면 고문을 한다. 대부분의 질문은 윈스턴의 기억과 객관적 진실과 관계된 것들이다.

오브라이언은 결국 윈스턴이 그토록 궁금해 했고 이 작품 내내 그의 마음을 괴롭혔던 질문, 즉 당이 행하는 모든 행위의 '이유'에 대한 해답을 준다. 윈스턴은 자신이 정신이상자 취급을 받고 있다는 사실도 알게 되며, 오브라이언은 윈스턴의 친구인 양 별스럽게 행동하면서 그를 치료해 주겠다고 말한다. 오브라이언은 윈스턴에게 알고 싶은 것을 모두 물어보게 하고, 겉보기에는 그의 질문에 솔직하게 대답하는 것 같다.

3장에서 윈스턴은 '회복' 치료의 두 번째 단계인 '이해'의 단계에 들어간다. 여기서 윈스턴은 오브라이언과의 대화를 통해 당의 이념을 알게 되고, 오브라이언과 '인간'의 정신에 대해 토론을 벌인다. 오브라이언은 윈스턴에게 거울에 비친 파괴되고 처참하게 망가진 그의 몰골을 보게 하고는 그 모습을 조롱한다. 윈스턴은 줄리아의 배반 사실을 알게 되지만, 여전히 그녀를 저버리지 않는다. 드디어 오브라이언은 윈스턴에게 총살되리란 사실을 알려주면서 그 시기에 대해서는 모호하게 대답한다.

 윈스턴의 공포와 두려움이 이 장에서 명확히 드러난다. 그는 줄리아와 오브라이언에게 배신당했으며, 고문당하고, 온몸이 만신창이가 되었다. 그리고 당 없는 미래에 살고 싶다는 소망도 산산조각 났다. 윈스턴은 골드슈타인의 책의 일부는 오브라이언이 집필했으며, 빅 브라더는 당처럼 영원하고 전지전능한 존재라는 것을 알게 된다.

 이 두 장은 윈스턴이 이 작품의 앞부분에서 읽었던 '책'의 내용과 비슷한 기능을 한다. 둘 다 당과 당의 이념에 관련된 풀리지 않는 의문에 대한 해답의 역할을 하고 있는 것이다. 그러나 이 두 장이 좀더 의미심장하며, 윈스턴이 그동안 지녔던 의문들에 대한 답을 준다. 그는 당이 '어떻게' 권력을 휘두르는지는 알고 있었으나, '왜' 권력을 행사하는지는 결코 알지 못했다. 당은 권력을 위한 권력을 추구할 뿐이란 것이 오브라이언의 설명이다. 이것 역시 앞서 줄리아가 관찰했듯이 순수하게 노래를 위한 노래를 부르는 새 그리고 하층민 아낙네와 역설적인 의미에서 유사하다.

 오브라이언은 윈스턴이 '이중 사고'를 이해하고 실천하도록 애쓴다. 그것만이 윈스턴이 구원받을 수 있는 유일한 길이지만, 윈스턴은 정신력을 길들이기가 너무나 힘들다. 이 '이중 사고'를 꺼리는 태도야말로 처음부터 윈스턴이 몰락의 길을 걷게 된 원인이지만, 궁극적으로는 그의 파멸을 가져오는 이유로도 작용한다.

 여기서 다시 한 번 객관적 진실이라는 이 책의 중요한 주제가 등장한다. 윈스턴은 아무리 당이라도 사람의 기억을 말살할 수는 없기 때문에 기억과 객관적 진실은 오류와 조작을 이길 것이란 논지를 편다. 오브라이언은 이 경우에도 윈스턴이 틀렸다는 것을 입증하기 시작한다. 그는 당이 나치 독일이나 소련 공산주의자들보다 훨씬 우월하다고 말한다. 왜냐하면 적들을 순교자로 둔갑시킨 독재 정권들과 달리, 당은 비뚤어진 생각이 활개치도록 용납하지 않기 때문이다. '모든 사고를 통제하는 것'은 당의 힘이며, 그 힘은 영원할 것이다.

여기서 오웰은 전체주의에 대한 분석에서 한 걸음 더 나아가 정신의 영역까지 지배하는 전체주의를 다루고 있다. 윈스턴은 일기장에 써놓은 '2+2=4'란 방정식으로 다시 머리가 혼란스럽다. 이것은 윈스턴이 포기할 수 없는 객관적 진실의 예다. 이 방정식은 윈스턴과 오브라이언 사이에 가로막힌 커다란 상애물이며, 궁극적으로는 윈스턴이 '회복'되었다는 증거가 된다. 만일 윈스턴이 '2+2=5'란 계산을 믿게 된다면 당이 그의 내면세계를 장악했다는 뜻이 되기 때문이다.

오브라이언은 윈스턴이 아론슨, 존스, 루더포드가 함께 찍은 사진을 본 기억이 있는 등의 '사소한' 행위를 포함해서 지금까지 그가 저질렀던 '범죄' 활동을 낱낱이 파악하고 있다.

앞부분에도 나왔지만, 당이 역사를 조작하고 있다는 윈스턴의 의심은 상당 부분 그 사진에 근거한 것이었다. 사진의 실체는 없어도 그 이미지는 그의 기억 속에 남아 있다. 그리고 오브라이언은 이 이미지를 윈스턴이 보다 나은 쪽, 당에 더 이로운 사람으로 변할 능력이 있는지를 판단하는 예로 이용하고 있다.

오브라이언은 윈스턴에게 줄리아가 이미 그를 배신했다고 말하지만, 이 장에서는 그 말이 사실이란 증거는 제시되지 않는다. 윈스턴은 줄리아를 배신하지 않는다. 그 사실은 그의 '회복'을 저지하는, 다시 말해 그의 인간적 본성을 유지시켜주는 유일한 장애다.

Chapters 4, 5

 ## 최악의 공포가 현실로

윈스턴은 여전히 사랑부에 갇혀 있지만, 고문 횟수는 줄어들었고, 몸 상태는 나아지고 있다. 그는 '황금의 나라'에서 어머니, 줄리아, 오브라이언과 함께 앉아 평화로운 화제에 관해 이야기를 나누는 꿈을 꾼다.

그는 당이 지난 7년간 자신을 면밀히 감시해 왔으며, 심지어 줄리아와 나눈 대화 녹음이며 사진까지 확보해 놓고 있다는 사실을 알게 된다. 그는 당에 대항하려 했던 자신의 결심이 얼마나 무모했는지 깨닫는다.

어느 날, 줄리아의 이름을 외치며 꿈에서 깨어난 순간 그는 '회복' 단계를 처음부터 다시 시작해야 할 것임을 깨닫는다. 잠시 후, 오브라이언이 감방에 들어와 윈스턴의 '회복' 과정 중 세 번째 단계가 시작될 신비로운 장소인 101호실로 그를 이감시킨다.

101호실로 들어온 윈스턴은 생애 최악의 공포에 직면한다. 오브라이언은 윈스턴에게 굶주린 쥐들이 가득 들어 있는 새상저럼 생긴 쇠 마스크를 보여준 다음, 걸쇠를 풀어 문을 연다. 걸쇠를 한 번만 더 풀면 쥐들은 윈스턴의 얼굴을 잔치 음식이나 되는 듯이 뜯어먹을 것이다. 오브라이언이 마스크를 윈스턴의 얼굴에 덮어씌우는 순간, 윈스턴이 외친다. "줄리아에게 하시오! 줄리아에게 하란 말이오! 나한테 이러지 말고!…" 오브라이언은 찰칵, 하는 금속성 소리와 함께 새장 문을 잠근다.

윈스턴은 또 다시 모든 것이 평화로운 고향 같은 장소, '황금의 나라'에 대한 꿈을 꾼다. 얄궂게도 오브라이언 역시 그곳에 있다. 이처럼 자신을 고문한 자가 그의 유일한 친구가 되었다는 것도 반대되는 두 개념을 동시에 지니고 절대적으로 믿을 수 있는 '이중 사고' 능력의 예다.

다른 모든 사람들처럼 윈스턴도 무너질 수밖에 없는 한계점이 있으며, 오브라이언은 그것이 뭔지 알고 있다. 독자들은 윈스턴이 채링턴 씨의 2층 방에서 쥐를 보고 두려워했던 장면을 기억할 것이다. 언뜻 보기에는 대수롭지 않은 듯하지만 그가 두려워하는 것이 무엇인지 잘 보여주고 있다. 당은 줄리아와 윈스턴이 불가능하다고 생각했던 것, 즉 인간의 마음속에 들어가는 방법은 물론, 그 구성원에 대해 모르는 것이 없다.

문학적 장치

윈스턴이 줄리아를 배신한다는 사실은 최후의 역설이다. 당은 드디어 두 사람의 사랑을 중단시킨다. 두 사람이 자신을 인간다운 존재로 만들어준다고 생각하는 유일한 행위를 성공적으로 분쇄한 셈이다. 자기 생각을 자기 머릿속에 담고 있는 인간으로 남는 것이 윈스턴의 유일한 목표였다. 하지만 당은 모든 것을 소유하고 있으며, 그것도 단지 소유를 위해 소유하고 있다.

윈스턴이 목숨을 부지하기 위해 줄리아를 배신한 것은 생

존을 위한 인간적 행위지만, 이 나라에서 자아는 당이 사용할 때를 대비해 남겨둬야 한다. 윈스턴은 몸을 아끼기 위해 지극히 이기적인 행위를 저질렀으므로 처벌받아야 마땅하지만 목숨을 부지한다. 이 점은 이 소설의 오점으로 비칠 수 있다.

Chapter 6

'2+2=5'

윈스턴은 체스넛 트리 카페에 앉아 진으로 만든 승리주를 마시면서 텔레스크린에서 나오는 소식을 듣고 있다. 유라시아군과의 전투 소식이 나오자 흥분과 공포가 뒤섞인 복잡한 감정에 휩싸이는 모습에서 오늘의 전황을 염려하고 있는 듯이 보인다. 그는 탁자를 덮은 먼지 위에 '2+2=5'라고 쓴다.

윈스턴은 최근에 우연히 줄리아를 만났던 때를 떠올린다. 그녀는 변한 것 같았고, 약간 살이 쪄 보였다. 그들은 서로 상대방을 배신한 사실을 고백했다. 윈스턴은 그녀와 대화를 나누고 있는 것이 위험하다는 생각이 들지 않았다. 정반대였다. 윈스턴의 인생은 변했다. 그는 이제 예전의 직장에서 일하지 않고, 그의 일에 크게 신경 쓰는 사람도 없다. 어머니와 여동생에 대해 생생한 기억을 갖고 있지만, 그는 그 기억이 거짓일 것이라며 마음속에서 쫓아내려 안간힘 쓴다.

텔레스크린은 전선에서 들어온 승전 소식을 발표하고 있고, 윈스턴은 감격에 겨워 눈물을 흘린다. 그는 자신과의 싸움에서 승리한 것을 기뻐하며, 빅 브라더를 사랑한다.

전체주의는 인간성을 정복했다. 윈스턴은 이제 군중의 한 사람이며, 진정한 자아는 당과 빅 브라더를 위해 버렸다. 여전히 약간의 모호한 생각을 품고 지나간 시절의 기억에 시달리고 있긴 해도 자신에게 그런 생각과 기억들이 오류라는 확신을 심어주는 데 성공하고 있다.

줄리아와의 만남은 아직 풀리지 않았던 몇 가지 의문점을 해소시켜준다. 윈스턴이 그녀를 배신한 것처럼, 그녀 역시 윈스턴을 배신했다. 그녀는 여성 내부당원이 마땅히 그래야 하듯이, 섹스도 하지 않고 아무도 거들떠보지 않는 전혀 다른 여성으로 변해 가고 있다. 윈스턴과 줄리아가 만났을 때, 이 소설의 앞부분에서 채링턴 씨가 그랬던 것처럼 두 사람이 상대방의 말을 따라하는 부분이 나온다. 이것은 그들이 진정으로 당에 의해 세뇌되었음을 보여주는 섬세한 장치다. 그들은 당이 정해 준 말투와 어법을 사용하고 있다.

마침내 윈스턴은 빅 브라더를 사랑하게 되고, 아마도 남은 인생은 그를 사랑하는 데 바칠 것이다. 총알이 그의 목뒤에 박혀 자유롭게 해주기를 기다리며.

부록

신어 목록

오웰은 〈1984년〉에 첨부된 부록에서 오세아니아국의 공식 언어인 '신어(Newspeak)'에 대해 자세히 설명해 놓았다. 여기에는 '이중 사고(doublethink)'나 '오리말(duckspeak)' 같은 단어의 예가 많이 수록되어 있고, 그 의미와 용도가 상세히 나온다.

신어는 A어군(語群)과 B어군, C어군으로 구성되어 있다. A어군은 일상생활에 필요한 단어들, 이미 존재하지만 모호한 뜻이나 암의(暗意)는 모두 제거된 단어들로 이루어져 있다.

B어군은 정치적 목적으로 신중하게 만들어진 어휘로 이루어져 있으며, 일종의 속기문자다. 여기에 속한 단어는 '선심(goodthink)'처럼 모두 복합어다.

C어군은 모두 과학 및 기술적인 단어들로 구성되어 있으며, A어군, B어군과 동일한 문법 규칙을 따른다.

다른 언어는 사람들의 표현을 돕기 위해 만들어지는데, 신어는 반대로 사고 행위를 줄이기 위해 고안되었다. 또 신어는 다른 언어들과는 달리, 어휘 수가 느는 게 아니라 지속적으로 줄고 있다.

신어는 오웰이 창안한 기발한 장치로서 정부가 언어를 통제할 수 있다면 사상까지도 통제가 가능하다는 이 작품의 정치적 주제를 효과적으로 나타내는 도구다. 쉽게 말해 '자유'를 뜻하는 단어가 없다면 어떻게 '자유'에 대해 생각할 수 있겠는가? 언어를 제한하면 그 언어를 사용하는 사람들의 생각도 그 단어에 존재하는 개념 안에서만 맴돌게 되는 것이다.

주제 탐색 오웰은 전체주의 지배 하에서는 언어가 쇠퇴할 것이며, 그 환경에서는 문학 활동이 불가능하다고 확신했다. 그는 작가로서 세계 언어의 상태에 관심을 가졌고, 작가와 저술 활동에 대한 정부의 영향력에 관해 많은 글을 썼다. 신어는 당연히 언어와 정부 통제에 대한 오웰의 개념에서 탄생한 작품이다.

오웰은 신어가 2050년에 완성되리라고 예상했다. 어쩌면 독자들 마음속에 전체주의에 대한 두려움이 1984년 이후에도 계속 유지되기를 바랐기 때문이었을지 모른다. 그는 오늘날 진실로 드러난 많은 사실을 예견했던 탁월한 예언자다. 신어가 그 중 하나가 아닌 게 다행일 뿐.

윈스턴 스미스　○

술리아　○

오브라이언　○

빅 브라더/에마뉴엘 골드스타인　○

○ 윈스턴 스미스

〈1984년〉의 주인공. 독자들은 그를 자신과 가장 많이 동일시하고, 그의 관점으로 세계를 본다. 그는 타락한 세계에서 사는, 일종의 순진한 사람이다. 독자들은 그를 통해 오세아니아국이라는 전체주의적 사회에 횡행하는 각종 고통을 이해하고 느낄 수 있다.

'윈스턴'이란 이름도 시사적이다. 그 이름은 전시(戰時) 영국의 위대한 지도자 윈스턴 처칠에서 따왔고, '스미스'는 영어권 나라에서 가장 흔한 성이다. 따라서 독자들은 오웰의 의도대로 그를 비범한 환경에서 초인적인 투쟁을 벌이는 평범한 인간으로 이해하면서, 평범하지만 자신이 처한 환경을 개선하기 위해 안간힘을 쓰는 인물과 동일시하고 싶은 유혹을 떨치기 어렵다. 그는 모든 인간이 지니는 감정을 대변하는데, 독자들이 작품 속의 세상이 변하기를 소망하는 것도 바로 이런 이유 때문이다. 오웰은 윈스턴을 완벽하고 동정심 많은 인물로 그리는 과정을 통해 독자들로 하여금 이 소설의 결말에 지대한 관심을 갖도록 만든다.

윈스턴이 너무 사실적이고 흔한 인물이어서 독자는 쉽사리 그와 자신을 동일시하고 그의 입장에서 생각하게 된다. 윈스턴 같은 인물은 오히려 오늘날의 독자들에게 훨씬 큰 호소력을 지닐지도 모른다. 요즘 사람들도 윈스턴이 살았던 세계처럼 인간성보다 기술의 가치를 우선시하는 세계가 도래할 가능성을 상상할 수 있기 때문이다.

비록 윈스턴의 인생이 불행한 사건들과 고통으로 가득 차 있지만, 오웰은 짧게나마 행복과 사랑의 순간을 허용하고 있다. 이 시기에는 윈스턴, 나아가 미래에 대한 희망이 있다. 하지만 오웰은 해피엔딩이 없음을 확실히 해둔다. 전체주의는 그런 결말을 허용하지 않기 때문이다. 다시 말해, 윈스턴은 산산조각 날 운명이다. 만약 윈스턴이 탈출할 수 있었다면, 전체주의의 진정한 본질을 보여주려는 작품의 의도는 사라졌을 것이다.

독자들은 윈스턴이 개성과 불굴의 의지를 지닌 인물이기 때문에 긴밀한 동료 의식을 느낀다. 그는 문명화된 사회의 가치관인 민주주의, 평화, 자유, 사랑, 존엄성 등을 대변하고 있다. 윈스턴이 파괴될 때 이런 가치들도 함께 파괴되며, 이 가치들을 인간의 영원하고 당연한 일부라고 생각하는 독자들의 믿음 역시 파괴된다. 그는 선한 힘과 악한 힘의 투쟁을 대변하며, 둘 사이의 경계는 확연하다.

결국, 윈스턴은 영혼과 인간성을 상실하게 되고, 그토록 지키려고 했던 이 두 가지 덕성을 유지할 수 없게 된다. 오웰은 윈스턴의 운명이 누구에게나 일어날 수 있다는 점을 일관되게 주장하며, 그가 윈스턴을 결국 파멸시키는 것도 이런 이유 때문이다. 그 결과, 오웰의 경고를 깨달은 독자들은 〈1984년〉과 같은 사회가 결코 나타나서는 안 된다는 것을 알게 된다.

○ 줄리아

윈스턴의 연인이자 빅 브라더에 대항한 투쟁 동지. 윈스턴에게는 없는 인간적 요소들, 이를테면 솔직한 성적 관심, 교활함, 생존 본능을 보여준다. 윈스턴이 간신히 생존하고 있는 반면, 줄리아는 자기중심적인 '반란'을 수행하는 데 필요하면 수단·방법을 마다하지 않는, 진정한 생존지상주의자다. 품행으로 보면 열성적인 당의 추종자인 듯하나, 한꺼풀만 벗기면 억제할 수 없는 욕망과 이기심으로 가득 찬 본성이 드러나고, 결국 그것으로 인해 체포당하는 결과를 낳는다.

윈스턴이 섹스와 친밀한 교감을 즐기는 반면, 줄리아는 다른 당원들과 정기적으로 동침하는 노골적인 색광(色狂)이다. 적어도 윈스턴을 만나기 전에는 그랬다. 그녀는 '당'을 파괴하기 위해서가 아니라 순전히 욕망을 채우기 위해 이런 짓을 한다. 이것이 윈스턴과 줄리아의 근본적인 차이점이다. 그의 반역 행위는 자신만큼이나 미래를 위한 일이기도 했지만 그녀의 경우에는 전적으로 욕망을 좇은 데 따른 우연한 결과다.

줄리아는 윈스턴보다 훨씬 더 직관적이고 현실적이다. 그녀는 그보다 당을 더 잘 알고 있으며, 당의 교리를 위반하는 방법도 훨씬 능수능란하다. 윈스턴이 당과 당의 전복 가능성에 대해 감정적으로 대응하는 반면, 줄리아는 그의 소망을 단순한 환상으로 치부하고 당의 강령에도 무관심하다. 그리고 당의 심장부를 강타하고 싶어하는 윈스턴과는 달리, 당의 감시를 피해 다니기에 바쁘다.

줄리아는 섹스를 당을 공격하는 도구로 삼고 있지만 사랑보다 훨씬 파괴력이 떨어지는 무기다. 줄리아와 윈스턴은 사랑에 빠지면서 당에 대한 최후의 반역 행위를 저지른다. 두 사람이 인생에서 가장 행복한 순간, 경계심을 늦추고 스스로를 평범한 사람으로 여겼던 순간에 체포되었다는 사실을 유념하라. 그들은 수년 전부터 감시를 받아왔으며 언제라도 체포될 수 있었지만 사랑이 강해질 때까지 당은 개입하지 않는다. 그들을 떨어뜨려 놓으면 효과가 감소된다. 개인으로서의 그들은 당을 전체적으로 이해하지도 않고, 저항할 능력도 없다.

겉으로 볼 때 줄리아는 복잡하지 않은 인물로 보인다. 한편으론 윈스턴의 생각을 그대로 반영하는 악기의 공명판 기능을 하지만 그보다는 훨씬 복잡하다. 윈스턴은 당의 세뇌 교육과 당의 엄격한 성생활 규약으로 인해 여성에게 반감을 지니고 있다. 그는 사람들이 애정을 위한 애정을 표현했던 시대를 기억하며, 낭이 그늘에게 저지른 짓 때문에 여자들을 혐오한다. 줄리아는 이런 엄격한 성생활 규약을 따르지 않고 기회가 있을 때마다 어긴다. 한때 그녀를 강간하고 살해하려는 상상을 했던 윈스턴에게 그녀는 당이 인간의 마음속에 자리한 가장 깊은 곳까지는 도달할 수 없다는 것을 보여준다. 그녀는 윈스턴이 갖고 있는 생각이 정당하다는 증거인 셈이다. 줄리아는 윈스턴에게 희망을 주고, 이런 희망을 연장하려는 마음이 두 사람 모두를 파멸의 길로 이끈 요인이 된다.

○ 오브라이언

작품 속에서 공식 직함이 명확하게 나오지는 않지만, 내부당의 지도자급 인사. 빅 브라더와 가까운 관계인 것 같으며, 빅 브라더를 구성하는 집단의 일원인지도 모른다. 이전까지는 윈스턴의 공모자요 친구처럼 보이다가 제3부부터 장기간 윈스턴을 철저하게 감시해 온 당의 열정적인 지도자로서의 본색을 드러낸다.

그는 당과 당의 모든 모순, 잔혹성을 대변하는 존재다. 주로 독자들에게 당 내부의 밀실을 소개함으로써 당이 굴러가는 구조를 알려주는 역할을 한다. 그가 없다면, 당은 윈스턴과 줄리아는 물론 독자들에게도 계속 정체를 알 수 없는 존재로 남아 있을 것이다.

윈스턴이 거대한 사회 속의 미약한 개인으로 묘사되는 반면, 오브라이언은 소설 전체를 통해 거물급의 풍모를 유지한다. 이런 효과는 한편으론 스스로 부여한 신비로움의 결과이고, 다른 한편으로는 오브라이언의 '배신' 행위를 기본 축으로 삼아 이 작품이 전개되고 있기 때문이다. 그에게 좀더 많은 페이지가 할애될 여유가 있었다면 그의 정체는 훨씬 뒤에 밝혀졌을 것이다.

그는 천성적으로 이중인격자일 뿐 아니라 '이중 사고' 능력도 잘 구사하는 것 같다. 실제로 그가 상호 모순되는 개념을 동시에 믿을 수 있는지는 모르겠지만, 윈스턴에게 그것을 가르치려는 의지만큼은 단호하다. 자기도 오래 전에 당에 잡혔었다는 언급 외에 그가 윈스턴에게 강요했던 개념들을 진정으로 믿고 있다는 것을 뒷받침하는 증거는 없다.

이런 진술은 외부당원이 지니기에는 매우 위험한 의식 상태를 드러내는 것이기 때문에 오브라이언이 윈스턴과 같은 의식을 갖고 있다는 추론이 가능하지만 당에서의 위치 때문에 사회의 변화를 바랄 이유가 없다. 그는 윈스턴과 독자들에게 자신도 과거에 '회복' 처분을 받았다는 사실을 믿게 하려고 하지만 그는 고문을 당하는 당사자가 아니다.

그는 윈스턴에게 종종 아버지나 친구 같은 존재로 비친다. 그는 윈스턴의 '목숨을 구하기' 위해 고문을 통해 '완벽한' 인간으로 만들려고 애쓴다. 윈스턴이 당의 강령을 수용하기만 하면 '정화된다.' 그러나 오브라이언과 당이 변화시키고자 하는 내상은 사실 윈스턴이 아니다. 당은 모든 사상을 정화하려고 든다. 비뚤어진 생각 하나가 당을 오염시킬 잠재성이 있다고 믿기 때문.

그의 성격은 20세기에 활약한 많은 정치 지도자들과 크게 다르지 않다. 예컨대, 히틀러와 스탈린은 권력을 유지하려고 이런 종류의 고문을 이용했고, '숙청'이라는 이름으로 자행했다. 오브라이언은 주요 통치 수단으로 잔학행위와 고문을 이용했던 여러 지도자들을 대표한다.

○ 빅 브라더/에마뉴엘 골드슈타인

오세아니아국에서 대립하고 있는 지도자들. 빅 브라더는 오세아니아국의 명목상 우두머리이고, 골드슈타인은 반대 세력인 '형제'라는 단체의 지도자다. 오웰이 그들의 존재를 명확히 확인해 주고 있지 않다는 점에서 서로 비슷하다.

오브라이언은 '이중 사고'를 통해 윈스턴에게 빅 브라더가 실제로 존재할 수도 있고, 존재하지 않을 수도 있다고 말한다. 빅 브라더는 당의 구체화된 인물로서 존재하지만 결코 죽지 않는다. 오브라이언은 윈스턴에게 골드슈타인과 '형제'가 존재하는지도 말하지 않는다. 따라서 둘 다 당의 선전술책에 지나지 않을 가능성이 있다. 골드슈타인의 저서를 실제로는 오브라이언이 저술했다는 사실은 이런 추측의 좋은 근거가 된다.

빅 브라더는 오세아니아국에서 차지하는 위치에 걸맞은 이름이다. 신뢰, 보호, 애정을 연상시키는 이 이름도 '이중 사고'의 또 다른 예라고 할 수 있다. 히틀러나 스탈린처럼 빅 브라더나 당도 자애로운 맏형과는 거리가 멀다. 오웰은 에마뉴엘 골드슈타인에게 전통적인 유태식 이름을 붙여주었는데, 이것은 제2차 세계대전 당시의 권력 구조를 시사한다. 에마뉴엘의 원뜻이 '신'임을 유념하라.

이 같은 두 힘이 실제로 존재하든 안 하든, 윈스턴의 인생에서 달라지는 것은 없다. 이것들의 존재와는 상관없이 윈스턴의 운명은 그가 살고 있는 사회의 운명이 그렇듯 이미 정해져 있다. 윈스턴에게 중요한 것은 빅 브라더와 골드슈타인이 사실상 존재하고 있다는 현실뿐이다. 오웰의 의도는 두 인물이 전체주의적인 권력 구조를 상징하도록 하는 것이었다. 본질적으로 두 인물이 같으니까. '형제'의 지도자로 위장한 오브라이언은 윈스턴과 줄리아에게 당을 거역해서 어떤 잔학 행위도 저지를 의향이 있는지 묻는데, 그 행위들 중 상당 부분은 당이 국민들에게 자행하는 것들과 다를 바 없다. 오웰이 보여주듯, 정치적 극단주의는 어떤 명칭으로 위장하든 바람직하지 않은 현상이다.

마무리
노트

〈1984년〉에 나타난 언어의 역할과 저술 행위

오세아니아국의 '공식' 언어인 신어는 당의 절대적 통치를 가능케 하는 장치다. 당은 사상을 통제하면, 행동도 통제할 수 있다. 소설 속에서 신어는 1984년 당시에는 전면적으로 시행되지 못하는 것으로 설정되어 있는데, 어찌 보면 바람직하다. 그렇지 않았다면 우리는 이 소설의 내용을 이해하지 못할 테니까. 그러나 오웰은 신어가 모든 사람들이 알아야 할 유일한 언어로 자리 잡는 때를 2050년으로 못 박아놓고 있다. 이미 1984년은 한참 지났지만, 이 책에 담긴 오웰의 통찰력과 선견지명은 여전히 유효하다. 정치·역사적 주제를 즐겨 다루는 작가 오웰은 언어가 파괴되는 현상을 가장 우려했다. 언어가 부정적인 방향으로 변한다면 진실이 거짓으로 바뀔 수 있다는 뜻이다. 그것은 오웰이 그의 삶과 작품을 통해 가장 반대했던 현상이다.

신어의 목적

오웰은 언어의 타락 현상에는 정치·경제적인 원인이 있다고 믿었다. 그는 구체적인 증거는 없었지만, 소련이나 독일 같은 국가들의 언어는 독재 정권 치하에서 황폐화되었을 것으로 추정했다. "사회 전반의 분위기가 나쁘면 언어도 반드시 안 좋은 쪽으로 영향을 받는다." 오웰은 "정치와 영어 Politics and the English Language"라는 수필에서 이렇게 썼다. "사상이 언어를 타락시키면, 언어 역시 사상을 타락시킬 수 있다." 신어가 창조된 배경에는 바로 이런 개념이 깔려 있다.

오웰은 언어가 사상을 오염시킬 수 있으며, 전체주의 정권은 인간의 사상을 넓히는 게 아니라 제한하기 위해 언어를 이용한다는 개념을 구체적으로 증명하려고 오세아니아국의 공식 언어로 '신어'란 것을 창안했다. 예컨대, 자유란 단어가 없으면 자유의 개념도 존재할 수 없는 것이다.

이 책의 "부록"에서 오웰은 신어의 구성 방식과 어원론을 설명하고 있다. 살아 있는 언어, 즉 다양한 표현이 가능한 영어 같은 언어는 세월이 흐를수록 새로운 어휘들이 '첨가'됨으로써 사용자의 의식과 지식을 넓혀주는 경향이 있다. 그러나 신어는 반대의 뜻을 나타내는 어휘들을 제거함으로써 시간이 갈수록 어휘 수가 '줄어든다.' 예컨대, '나쁜(bad)'이란 단어는 '좋은(good)'이란 단어의 반대말이므로 불필요하다. 마찬가지로, '선의(goodness)'에 관련된 다양한 어휘들도 그 단어의 어근에 일정한 접두사와 접미사를 붙여(예를 들면, '나쁜(bad)'은 '좋지 않은(ungood)'으로, '매우 좋은(very good)'은 '더욱 좋은(plusgood)'으로, '훌륭한(wonderful)'은 '두 배 더 좋은(doubleplusgood)'으로 대체하는 식) 간단하게 표현될 수 있다. 이 과정에서 신어는 '불필요한' 단어들을 제거할 뿐 아니라, 사상, 나아가 '의식'의 편협화 공작을 촉진할 수 있다. 신어의 배경에 깔린 개념은 한 마디로 언어의 표현 능력이 '적어질수록' 정신에 대한 통제가 쉬워진다는 것. 오웰은 신어의 창안과 그에 대한 설명을 통해 언어를 창작하고 사용법을 강제로 규정하는 정권은 자국민의 정신도 통제할 수 있다는 사실을 독자들에게 경고한다.

작가의 역할

조지 오웰은 당대에 이미 작품의 출간과 관련하여 모종의 압력을 느꼈다. 그의 작품들은 대체로 출판에 난항을 겪었다. 예컨대, 최고 걸작인 〈동물농장〉을 출판할 때도 출판사를 찾는 데 애를 먹었다. 따라서 우리는 왜 그가 윈스턴을 일종의 작가로 설정했고, 그에게 글을 쓰고자 하는 강렬한 욕구를 부여하여 목숨을 걸고 일기를 쓰도록 만들었는지 이해할 수 있다. 윈스턴은 기록국에서 일종의 저술 활동을 하지만, 본질적으로는 거짓임을 알고 있는 각종 선전 자료를 생산한다. 쉽게 말해, 오웰은 고도로 정치적인 시대, 즉 전시와 전후의 유럽에서 작가로 생존하기 위해 자신이 극복해야 했던 도전과 좌절감을 윈스턴의 경험을 통해 표출하고 있는 셈이다.

오웰은 〈1984년〉의 공포 분위기를 생생하게 묘사하는 도구로 저술 활동과 작가의 역할을 활용하고 있다. 〈1984년〉에서 '쓰여진 글'은 너무 위험하기 때문에 대부분의 책은 금서가 된다. 윈스턴은 심지어 사랑을 고백하는 줄리아의 메모마

저 던져버려야 했다. 종이쪽지에 쓰인 그 세 단어(I love you.) 때문에 '증발'될 수도 있다는 두려움 때문이었다. 이 나라에서는 타인에게 쓴 편지는 목적에 따라 검열을 받아야 하고, 책은 기계에 의해 저술된다. 또 셰익스피어 작품 같은 많은 공인된 명작들은 신어로 번역되는 난도질을 당한다. 오세아니아국에서는 실제로 작가들이 '증발할 수밖에 없다.' 기계가 책을 쓰기 때문에 문학가들이 불필요한 것. 오웰은 셰익스피어 작품을 신어로 '번역시켜', 그것을 훼손하는 상황을 설정함으로써 문학 작품에 대한 위험을 더욱 부각시키고 있다.

그리고 인민의 적 에마뉴엘 골드슈타인이 저술한 것으로 추정되는 '책'을 '성경'으로 묘사함으로써, 적어도 이론적으로는 펜이 칼보다 강하다는 사실을 보여주고 있다. 물론, 그 '책'—심지어 저자라고 주장하는 골드슈타인마저—이 진짜 혁명적 문서인지 당이 만들어낸 정교한 거짓인지는 의도적으로 밝히지 않고 있다. 그러나 오웰은 '그 책'도 위조물임을 강하게 암시한다.

〈1984년〉에 나타난 역사의 변덕

〈1984년〉에서 제기된 문제 중 하나는, 역사는 변덕스럽거나 변화무쌍하다는 것, 당이 진실이라고 판단하면 진실이라는 것, 역사에서 발견되는 진실은 미래에 세워질 원칙의 바탕이라는 것 등의 관념이다. 당시의 일부 파시스트적인 독일 지도자들은 거짓말을 크게 자주 말하면 대중이 진실로 받아들인다고 떠벌렸다. 스탈린 정권의 추종자들은 역사에 오르내리는 여러 인물과 역사적 사건들을 당의 목적에 맞춰 왜곡해 다시 기록함으로써 이런 상투적 수법을 완성했다. 〈1984년〉에 소개한 당의 슬로건은 "과거를 지배하는 자는 미래를 지배한다. 현재를 지배하는 자는 과거를 지배한다"고 되어 있다.

윈스턴이 진리부에서 맡은 일은 과거사를 창작하거나 과거에 대해 정확한 기억(〈1984년〉에서는 기억마저 당에서 지배한다.)을 갖고 있는 사람에게 들키지 않도록 날조해 역사적 사실로 '변화시키는' 것이다. 오세아니아국은 한때는 전부터 지금까지 어떤 적국과 전쟁중이었다가, 또 다른 때는 전부터 지금까지 다른 나라와 전쟁중인 것으로 둔갑해도 국민들은 그 소식을 진실로 받아들인다. 이것은 오웰이 당대에 직접 목격해서 명확하게 기록한 현상, 즉 사람들은 가장 편하게 믿을 수 있는 것을 가장 쉽게 믿는다는 현상을 조금 과장한 것이다.

이 소설은 '진실'(어떤 사건의 '실제' 문제와 환경)과 '사실'(어떤 사건의 문제와 환경이라고 '믿어지는' 것)을 구별한 다음, 정치적 이득을 얻으려고 개인과 사회를 통제하기 위해 사실들을 사악하게 조작하는 행위의 사회적 · 정치적 · 윤리적 · 도덕적 차이를 심층적으로 다루고 있다. 오웰은 세상에서 진실이란 개념이 사라지고 있는 현상을 우려했다. 결국, 정

치를 포함한 인간의 상호 관계라는 부분에서는 '믿어지는 것'
이 실제 일어난 일보다 훨씬 강력한 힘을 갖게 마련이다. 만약
각 나라의 지도자들이 역사에서 무엇을, 어디에서, 언제, 누가,
어떻게 했는지 제멋대로 규정하는 사람들이라면, 그런 거짓말
이 역사책에 들어가고, 학생들에게 가르쳐지고, 결국 역사적
인 사실로 둔갑하더라도 의문이 생길 수 없다.

〈1984년〉에는 이런 우려가 분명히 드러난다. 오웰은 스
페인에서 반군으로 싸웠던 시절에 이 같은 역사의 개작을 몸
소 체험했다. 부정확한 신문 기사들도 종종 눈에 띄었다. 실제
로 전투가 없었는데도 전황 보도가 나가는가 하면, 수백 명이
죽었는데도 보도가 전혀 없는 경우도 있었던 것이다. 오웰은
역사의 상당 부분은 거짓임을 인정했고, 역사가 정확히 '기술
될 수 있다'고 믿었던 사실에 좌절했다.

이런 '역사의 개작'은 전체주의 정권의 전유물이 아니다.
심지어 오늘날에도 대통령을 비롯한 각급 정부 기관 선거에
출마한 후보자들은 사실들을 저마다 다르게 '기억하며', 책사
(策士)들은 사람들에게 영향을 끼치는 사건들을 자기들에게
유리한 쪽으로 손보려고 든다. 이것은 민중이 기억하지 않는
다면 역사에서 삭제될 수 있다는 뜻이다. 재론하지만 모든 면
에서, 정치 입후보자나 지도자들의 입장 또는 이념을 뒷받침
하기 위해 불명확하거나 애매한 언사로 실제 사건들을 다소
변질시키거나 왜곡하는 일이 벌어지고 있다. 어느 시대를 막

론하고 우리의 '영웅들'은 격하되고, 역사책은 재기술되고 있다. 문화와 이념이 바뀜에 따라 역사도 바뀐다. 어떤 때는 이런 왜곡이 순진하고 악의 없는 관점의 차이에서 나타나기도 하지만, 또 어떤 때는 죽음에 이르게 할 정도로 위험하기도 하다.

이 부분은 원작에 대한 이해력을 테스트하는 난입니다. 다음 세 가지 코너를 차례로 끝내면, 〈1984년〉에 대한 포괄적이고 의미 있는 파악이 가능해질 것입니다.

A 다음 질문에 알맞은 답을 고르시오.

1. 당의 슬로건인 "전쟁은 평화, 자유는 예속, 무지는 힘"은 무엇의 예인가?

    a. 구어
    b. 신어
    c. 이중 사고

2. 문진은 무엇을 상징하는가?

    a. 전체주의
    b. 윈스턴과 줄리아의 연인 관계
    c. 빅 브라더

3. '어둠이 없는 곳'에 대해 윈스턴이 처음 품었던 가정과 끝에서 드러난 정체는 무엇의 예인가?

    a. 역설
    b. 이중 사고
    c. 모호성

4. 신어가 완전히 기능을 발휘하게 되는 시기는 언제인가?

   a. 1986년
   b. 2002년
   c. 2050년

5. 오브라이언의 설명에 따르면, 미래의 이미지는 어떤가?

   a. 부서진 문진
   b. 폭격으로 부서진 잿빛 건물
   c. 인간의 얼굴을 짓밟고 있는 군화

B **원작에서 다음 인용문을 찾아, 그 장면에 대해 설명하시오.**

1. 순간적으로 그는 오브라이언과 눈이 마주쳤다. 오브라이언은 일어선 채 안경을 벗었다가 독특한 몸짓으로 다시 끼려고 했다. 바로 이때, 순간적으로 그들의 눈이 마주쳤고, 윈스턴은 오브라이언이 자신과 똑같은 것을 생각하고 있음을, 그렇다, 그는 이것을 분명히 알아챘다!

2. '2+2=4'라고 말할 수 있는 것이 자유다. 그것이 허용되면 나머지는 모두 따라온다.

3. 자백을 말하는 게 아니오. 자백은 배신이 아니오. 당신이 무슨 말을 하고 무엇을 하든 중요하지 않아요. 감정만이 중요하오. 그들이 내가 당신을 사랑하지 못하게 할 수 있다면, 그것이 진짜 배신일 것이요.

4. 당신들 두 사람은 헤어져서 결코 다시 보지 않을 준비가 되어 있는가?

5. 우리는 죽은 몸이야.

6. 자네가 미래의 모습을 보고 싶다면, 인간 얼굴을 짓밟고 있는 군화의 모습을 상상하라. 영원히.

7. 너는 마지막 인간이다. 너는 인간 정신의 수호자다. 지금의 네 모습을 직접 보게 해 주겠다. 옷을 벗어라.

8. 줄리아에게 하시오! 줄리아에게 하란 말이우! 나한테 이러지 말구! 그 여자에게 무슨 짓을 해도 상관없어요. 그 여자 얼굴을 찢고 뼈다귀까지 추려요! 내가 아니오! 줄리아요! 내가 아니오!

모범답안: 1. 화자가 독자에게 2분 증오 시간의 한 장면을 설명하면서 들려주는 말. 이때 윈스턴은 오브라이언이 자신과 공모자가 될 수 있다고 오해한다. 2. 윈스턴이 일기장에 쓴 말. 나중에 윈스턴과 오브라이언을 연결시키는 인용문이 된다. 3. 체포됐을 때 대처방법을 의논하며 윈스턴이 줄리아에게 하는 말. 4. 오브라이언이 윈스턴과 줄리아를 '형제'라는 지하 단체에 가입시키면서 하는 말. 5. 체포되기 직전, 윈스턴이 줄리아에게 한 말. 6. 오브라이언이 윈스턴을 고문하면서 하는 말. 7. 오브라이언이 고문으로 만신창이가 된 윈스턴의 몸을 거울로 보여주며 하는 말. 8. 윈스턴이 101호실에서 인간성을 포기하고 줄리아를 배신하며 오브라이언에게 한 말.

C 다음 주제에 대해 간단히 서술하시오.

1. 오브라이언은 빅 브라더의 존재를 확인해 주면서도 '형제'라는 지하 단체의 존재는 확인도 부인도 하지 않는다. 오세아니아 사회를 움직이는 힘, 그리고 이 소설에서 차지하는 '형제'의 역할을 논하라.

2. 오웰은 〈1984년〉을 경고의 의미로 썼다. 그가 경고하고자 한 것이 무엇인지 서술하라. 반드시 당대의 정치적 조건이 이 책에 끼친 영향을 분석할 것.

3. 줄리아가 윈스턴과 다른 면을 설명하라. 그녀의 행동, 행동의 동기, 목적 등을 고려할 것.

4. 〈1984년〉에는 역설(사람들이 통상적으로 기대하는 것과 다른 것)과 이중 사고(두 개의 상반되는 개념을 동시에 확고하게 믿을 수 있는 것)의 사례가 많다. 종이를 두 부분으로 나눠 한쪽에는 이중 사고의 예를, 다른 쪽엔 역설의 사례를 가능한 대로 열거하라. 그 두 가지를 모두 사용하는 것이 오웰의 목적이라고 생각하는 이유는 무엇인가?

一以貫之

논술노트

길 없는 곳에서 길 찾기 ○

실전 연습문제 ○

一以貫之는 '논어'에 나오는 말로 '모든 것을 하나의 이치로 꿴다'는 뜻입니다.

논술의 주제와 문제 유형, 제시문들은 참으로 다양하고 가지각색입니다. 그러나 그 모든 것을 하나로 꿸 수 있습니다. '인간사회의 보편적 문제들에 대한 근원적인 물음에 답하는 자기 나름의 견해'라는 것이지요. 논술은 인간이면 누구나 부딪히는 개인적 또는 사회적 문제들에 대한 자기 나름의 고민이자 성찰입니다. 논술은 자기견해, 자기 가치관, 자기 삶에 대한 솔직한 고백입니다.

一以貫之 논술연구모임은 '자신의 물음'과 '자신의 생각'을 갖고 '자신의 글'을 쓸 수 있도록 도와줍니다.

〈집필진〉
김법성, 우한기, 이호곤, 박규현, 김재년, 김병학, 도승활, 백일, 우효기, 조형진

길 없는 곳에서 길 찾기

　　부모님이 내 삶의 하나하나를 통제할 때 어떤 기분이 듭니까? 누군가 나의 일거수일투족을 감시하고 있다면 얼마나 갑갑할까요. 이 소설은 바로 통제와 감시를 당하는 인간의 삶이 얼마나 갑갑해질 수 있는지 뿐만 아니라 인간이기 때문에 어쩔 수 없이 부딪혀야 하는 갑갑함도 보여줍니다. 저는 이 소설을 통해 인간을 둘러싸고 있는 내·외부적 조건들을 검토해 보고, 궁극적으로 그 같은 갑갑한 상황을 벗어날 가능성이 우리 인간에게 있는지 살펴보고자 합니다.

인간의 조건

　　이 소설은 무척이나 우울합니다. 배경이 되는 오세아니아라는 사회가 우울하고, 그 속에서 살아가는 인간들도 우울합니다. 이런 내용을 읽다보면 나 또한 우울해집니다. "왜 그럴까?" 나는 소설을 읽고 나서 한참 동안 그 우울함의 원인에 대해 생각해 보았습니다. 그런데 의외로 이유는 간단했지요. 소설 속 주인공이 아무것도 되는 게 없기 때문입니다. 자기 맘대로 할 수 있는 것이 하나도 없기 때문에 즐거우려야 즐거울 수 없습니다.

　　윈스턴을 예로 들어보죠. 그는 일기를 쓰려고 하자 갑자기 팔에 쥐가 나고 사상경찰이라고 믿으면서 극도로 증오했던 여자가 어느 날 갑자기 사랑 고백을 합니다. 동지라고 철석같이 믿었던 오브라이언은 알고 보니 내부당원이었고, 그를 고문합니다. 자상한 고물상 주인은 무지막지한 사상경찰이었고, 유일한 희망이라고 생각한 노동자 계급은 사소한 일에만 고함을 지릅니다. 빅 브라더를 증오하면서 죽겠다던 그는 오히려 그에 대한 사랑과 기쁨의 눈물을 흘리며 죽습니다.

윈스턴과는 다를지 몰라도 때론 우리도 윈스턴과 같은 좌절에 맞닥뜨립니다. 공부하려고 마음먹으면 누나나 형 혹은 동생이 와서 방해를 하지요. 내가 싫어하는 이성친구가 갑자기 고백을 하고, 절친했던 친구는 등을 돌리고 다른 친구랑 재밌게 놉니다. 저도 비슷합니다. 대학 가면 모든 게 해결될 거야, 나이가 먹으면 좋아질 거야, 라고 생각하지만 그닥 달라지는 것도 없고 때로는 더 악화되는 것 같은 느낌이 들기도 합니다.

윈스턴을 보면서 느끼는 감정이 바로 이렇습니다. 나를 보고 있다는 느낌, 무엇이든지 뜻대로 되지 않고 항상 조금씩 어긋나는 그런 느낌, 그런 인간을 보고 침울함에 빠질 수밖에 없는 그런 느낌, 바로 우울함이었습니다. 그러나 윈스턴의 조건은 우리와는 다른 점이 있습니다.

윈스턴이 시작하려는 일은 일기를 쓰는 것이었다. 일기 쓰기는 불법이 아니었다. (법이라는 게 없으니 불법이란 것도 있을 리 없다.) 하지만 발각될 경우 사형 아니면 적어도 강제노동 25년 형의 선고를 받을 것이 틀림없었다. 윈스턴은 펜촉을 펜대에 꽂고 펜 끝의 기름기를 닦아냈다. 펜은 서명할 때도 거의 사용되지 않는 구식 필기도구였다. 그럼에도 그가 그것을 남몰래 어렵사리 구한 이유는 근사한 크림색 노트에는 볼펜으로 끼적거리기보다 진짜 펜촉으로 써야 어울릴 것 같은 생각이 들었기 때문이었다. 그렇지만 그는 손으로 글을 쓰는 일에 익숙지 않았다. 아주 짧은 글 외에는 모든 것을 구술기록기에 불러주는 것이 상례였다. 물론 지금은 그렇게 할 수 없었다. 그는 펜촉을 잉크에 적시고 잠시 머뭇거렸다. 짜릿한 전율이 뱃속을 훑고 지나갔다. 종이에 글을 쓴다는 것은 결단력이 필요한 중대행위였다. 그는 작고 서툰 글씨로 다음과 같이 썼다.

　　1984년 4월 4일

윈스턴은 죽음을 무릅쓰고 일기를 씁니다. 종이에 글을 쓰는 것이 익숙하지는 않지만 그 행위가 윈스턴에게 짜릿한 전율을 느끼도록 해줍니다. 그런데 죽음을 무릅쓰면서까지 일기를 쓴다는 것이 어떤 의미가 있을까요? 일기는 기록입니다. 특히 일기는 내면의 기록입니다. 자신의 역사이고 추억입니다. 윈스턴이 하고 싶은 일은 자신에 대한 이야기, 자신의 삶에 대한 기록을 남기고 싶었던 것입니다. 여기서 바로 오세아니아가 인간을 바라보는 관점을 읽어낼 수 있습니다. 오세아니아, 즉 당은 개인의 고유한 내면세계를 인정하지 않습니다. 모든 것은 까발려져야 하고 당이 포착할 수 있어야 합니다. 그러면 당은 어떻게 인간의 내면을 통제하려고 할까요? 바로 언어를 통해서입니다.

"자네는 신어를 만든 목적이 사고의 폭을 좁히는 데 있다는 걸 모르나? 결국 우리는 사상죄를 범하는 것도 철저히 불가능하게 만들 걸세. 그건 사상에 관련된 말 자체를 없애버리면 되니까 간단하네. 앞으로 필요한 모든 개념은 정확히 한 낱말로 표현될 것이고, 그 뜻은 엄격하게 제한되며 다른 보조적인 뜻은 제거되어 잊혀지게 될 걸세. 이미 우리는 11판에서 그런 것에 주안점을 두었네. 하지만 그 과정은 자네나 내가 죽고 난 뒤에도 오랫동안 계속될 걸세. 세월이 흐를수록 낱말 수는 줄어들고, 그에 따라 의식의 폭도 좁아지게 되는 거지. 물론 지금도 사상죄를 범한 것에 대해 이렇다 저렇다 이유나 구실을 댈 수는 없네. 그것은 단지 자기수양이나 현실 통제를 못한 탓이지. 하지만 결국 그렇게 하는 것조차 필요 없게 될 걸세. 언어가 완성될 때 혁명도 완수될 것이네. 신어는 '영사'고, '영사'는 신어일세."

언어

당은 언어를 통제함으로써 인간의 의식과 사고를 통제하려고 합니다. 그렇게 했을 때 비로소 당은 개인을 완전하게 통제 하에 둘 수 있다고 생각합니다. 그것이 바로 당이 말하는 혁명입니다. 언어를 통제하고 의식을 통제해서 개인의 행동을 통제하는 것, 윈스턴은 바로 이것에 저항합니다. 그런데 언어를 통제한다고 해서 과연 인간의 의식과 행위를 통제할 수 있을까요?

언어와 인간의 관계를 한 번 생각해 봅시다. 문자언어가 되었건 음성언어가 되었건 인간의 탄생은 언어와 함께합니다. 인간(人間)이 사람들 사이에서만 인간인 것은 사람들 사이를 연결시키고 매개해 주는 무엇인가가 있기 때문입니다. 그것이 바로 언어입니다. 인간은 언어를 통해 사회로 나아갑니다. 즉 사회화에는 반드시 언어의 습득이 수반됩니다. 질문이 많은 학생들은 이렇게 물을지도 모르겠네요. 말도 못하고 글도 쓰지 못하는 사람은 언어를 못 쓰잖아요? 물론 그렇습니다. 그러나 중요한 것은 그런 사람들도 언어를 이해하고 사회를 살아가는 데 필요한 기호와 상징들을 습득하고 있습니다. 그것 또한 넓은 의미에서 언어라고 할 수 있습니다.

그런데 이상하게도 이 언어는 우리의 의식구조에 영향을 미칩니다. 왜 그럴까요? 생각보다 답은 간단합니다. 우리 인간보다 언어가 먼저 있기 때문입니다. 한 사회에서 사람이 태어나면 그 사회의 언어를 배웁니다. 스스로 사물에 대한 판단을 하기 이전에 이미 사회가 개별적 사물들, 사태들에 대해 이미 이름을 붙여놓았습니다. 우리는 사회가 이미 만들어놓은 언어를 습득할 뿐입니다. 따라서 스스로의 의식으로 세상을 인식하는 것 같지만 이미 언어가 먼저 사회 속에서 구조화되어 자리 잡고 있는 것입니다.

예를 들어볼까요? 무지개는 일곱 가지 색깔을 가지고 있습니다. 그러나 세상 모든 사람들이 무지개를 일곱 색으로 볼까요? 아프리카의 쇼나족은 무지개 색을 네 가지로 봅니다. 라이베리아의 바사족은 두 가지로 보고, 19세기까지 독일에서는 주황색과 보라색을 제외한 다섯 가지로 보았다고 합니다. 개별 언어들이 사물을 어떻게 규정하는가에 따라 실제 사물에 대한 생각이 달라질 수 있습니다. 당은 언어를 줄임으로써 사고와 행위를 통제하려고 합니다. 그래서 그들은 2050년이 되면 필요한 낱말만 남아 있게 될 것이라고 생각합니다.

2050년까지는, 어쩌면 그 전이 될 수도 있겠지만, 구어에 대한 지식은 모두 사라질 걸세. 과거의 모든 문학도 없어질 거고. 초서, 셰익스피어, 밀턴, 바이런 같은 작가들은 신어로 번역된 상태에서만 존재하게 될 것이네. 그것도 단순히 신어로만 바뀌는 게 아니라 내용도 바뀌고, 의미조차 반대로 바뀌어버릴 걸세. 심지어 당의 문학까지도 변할 것이네. 슬로건도 마찬가지고. 자유의 개념이 없어졌는데 '자유는 예속'이란 슬로건이 어떻게 있을 수 있겠나? 모든 사상적 분위기도 달라질 것이네. 사실상 우리가 지금 알고 있는 사상 따위는 더 이상 존재하지 않을 걸세. 정통주의는 생각하지 않는 것, 생각할 필요도 없는 걸 뜻하네. 요컨대 정통주의란 무의식 그 자체일세."

이제 우리는 앞에서 말한 '언어가 완성될 때 혁명이 완수

되는 것'의 의미를 좀더 엄밀하고 정확하게 이해할 수 있습니다. 소설 속 1984년인 현재는 불완전한 시대입니다. 왜냐하면 인간이 사상죄를 저지를 수 있기 때문이지요. 그러나 신어가 완성되고 그 신어가 한 세대에 걸쳐 정착되고 한 세대를 더 거치게 되면 옛날의 언어는 사라지고 맙니다. 그래서 두 세대에 해당하는 60년 정도가 지나는 2050년에는 과거의 사고방식은 인간의 무의식에 자리 잡을 수밖에 없습니다.

우리의 언어가 포착하지 못하는 것은 우리의 무의식에 남습니다. 개념화되고, 기호화되고, 상징화되지 못한 것들은 우리의 무의식에 기록됩니다. 이것은 우리가 잃어버린 신화나 상상력 혹은 각종 금기들이 끊임없이 우리의 무의식 속에 남아 있는 것과 같습니다. 우리는 꿈을 꾸면서, 상상의 나래를 펴면서 우리의 언어가 금기시하는 무의식의 세계를 만납니다. 그러나 그러한 무의식이 의식의 세계로 나아가 마음껏 활동하기란 쉽지 않습니다. 우리의 의식이 무의식을 강하게 통제하고 있기 때문이지요. 그리고 우리의 언어가 무의식을 사유하지 못하게 합니다. 그래서 빅 브라더는 언어를 통제하려고 합니다. 더 나아가 언어로 된 모든 것을 조작하고 통제해서 우리의 무의식을 통제하려고 합니다.

기억

그런데 역설적으로 이 소설의 주인공 윈스턴과 줄리아는

언어를 통제하는 직업을 가지고 있습니다. 윈스턴은 진리부의 기록국에서, 줄리아는 진리부의 창작국에서 일합니다. 기록국은 빅 브라더의 잘못된 예측이나 기록들을 수정하는 일을 합니다. 신문뿐만 아니라 일반 서적, 정기간행물, 팸플릿, 포스터, 전단, 영화, 녹음테이프, 만화, 사진 등 조금이라도 정치적·사상적 색채를 띠는 것이라면 문학이든 기록이든 상관없이 모든 것을 수정합니다. 그리하여 당이 예언한 모든 것은 문서상으로 증명되고, 필요에 맞지 않는 기사나 의견은 기록에서 영구히 삭제됩니다. 말하자면 모든 역사는 필요에 따라 깨끗이 지우고 다시 고쳐 쓸 수 있는 것이죠. 그렇게 해서 당은 과거를 지배합니다. 창작국은 소설을 제작합니다.

당에서는 오세아니아가 유라시아와 동맹을 맺은 적이 없다고 했다. 하지만 윈스턴 스미스는 오세아니아가 4년 전에 유라시아와 동맹을 맺었던 사실을 알고 있다. 그런데 이런 지식이 어디에 존재하는 것일까? 바로 그의 의식 속에, 여차하면 완전히 지워져버릴, 그의 의식 속에만 존재할 뿐이다. 그래서 만일 사람들이 당의 거짓말을 믿는다면 — 그리고 모든 기록들이 그렇게 되어 있다면 — 그 거짓말은 역사가 되고 진실이 되는 것이다. "과거를 지배하는 자는 미래를 지배한다. 현재를 지배하는 자는 과거를 지배한다." 이것이 당의 슬로건이다. 그러나 과거는 본질적으로 변경될 수 있음에도 여태 그런 적이 없다. 지금 진실한 것은 영원히 진실하다. 이는 지극히 단순한 이치다.

필요한 것은 자신의 기억을 끊임없이 말살시키는 것뿐이다.

오세아니아에서 종이나 쓰레기는 기억통 속에 버려집니다. 기록을 남기지 못하게 하는 것이죠. 우리는 기록을 통해 기억합니다. 그러한 기록에 근거해서 학문과 지식을 체계화시킵니다. 그러나 오세아니아에서는 개인적인 기록을 가질 수 없습니다. 따라서 개인이 가질 수 있는 유일한 기록의 방법은 자신의 머리에 기록하는 것입니다. 그러나 그것은 너무 약합니다. 시간이 지나면 기억은 희미해지고 망각되기 때문입니다. 더군다나 섬세하게 하나하나를 기억하려고 노력해도 그 기억들을 지탱해 줄 언어들은 사라져갑니다. 그래서 모든 것이 안개 속처럼 희미해지고, 과거는 지워지고, 이제는 지워졌다는 사실마저 잊혀져서 허위가 진실이 되어버립니다. 그러나 윈스턴은 일기를 씁니다. 그는 자신의 기억을 온전히 지키고 싶어 합니다. 빅 브라더가 통제하고 관리하는 언어가 아니라 자신의 언어를 일기장에 기록합니다. 그는 과거를 기록하고 기억함으로써 현실에 저항합니다.

그는 무기력하게 앉아서 생각에 잠겨 있는 동안에도 무의식중에 글을 쓰고 있다는 사실을 깨달았다. 이번에는 전처럼 서툰 글씨가 아니었다. 그는 펜을 쥐고 매끄러운 종이 위에 큼직한 대문자로 보기 좋게 다음과 같이 똑같은 글을 되풀이 하여 써서 반 페이지를 채웠다.

빅 브라더를 타도하라

빅 브라더를 타도하라

빅 브라더를 타도하라

빅 브라더를 타도하라

그는 자신이 사상죄를 저질렀다는 것을 압니다. 설령 들키지 않는다고 하더라도 본질적으로 범죄를 저질렀다는 것을 압니다. 그리고 언젠가는 죄가 발각될 것도 압니다. 그럼에도 그는 씁니다. 후회하면서도 일기 쓰는 것을 포기하지 않습니다. 그리고 서툰 글씨가 아니라 제대로 된 글씨로 '빅 브라더를 타도하라'고 씁니다. 전체주의적 획일성이 강조되는 곳에서 그는 자신의 생각을 표현합니다. 그는 거짓을 생산하는 진리부에서 진실을 생산하려 합니다.

그래서 그는 과거를 기억하고 싶어합니다. 자신의 만년필과 일기장을 산 고물상에서 과거의 물건을 구입합니다. 또한 노동자들이 다니는 선술집에 들어가 노인에게 과거에 대해 묻습니다. 스비븐은 그렇게 과거를 알려고 합니다. 과거에 다가가 과거를 기억하고 기록하고 싶어합니다. 그러나 일기를 쓰고 과거를 기록하고 과거에 대해 알려고 하는 것은 목숨을 거는 행위입니다. 실제로 윈스턴은 이 사실을 잘 알고 있습니다.

윈스턴은 이미 자신이 죽은 거나 다름없다고 생각했다. 또한 자

신의 사상을 과감하게 체계화할 수 있는 때는 지금밖에 없다는 생각
도 했다. 모든 행위의 결과는 그 행위 자체 속에 들어 있게 마련이다.
그는 다음과 같이 썼다.

사상죄는 죽음을 수반하는 게 아니다.

사상죄는 죽음 그 자체다.

자신이 죽은 거나 다름없다고 생각한 이상, 그로서는 가능한 한
오래 사는 것이 중요했다.

그럼에도 불구하고 스티븐은 왜 일기를 쓰는 것일까요?
쓰지 않고는 더 이상 살아갈 수 없기 때문입니다. 그는 일기장
을 사고 나서 두 번 다시 남에게 들켜 위험에 빠질 수 있는 고
물상 같은 곳에는 가지 않으리라 마음먹습니다. 그러나 깊은
생각에 빠지는 바람에 자기도 모르게 다시 고물상에 갑니다.

그가 일기를 쓰려고 했던 것도 사실은 자신의 이 같은 자살 충
동을 막음으로써 스스로를 보호하려는 의도에서였다.

그는 살기 위해 글을 씁니다. 글을 쓰는 것이 죽는 것인
줄 알지만 쓰지 않으면 어떤 짓을 할지 자신도 모르기 때문에,
글을 쓰지 않으면 더 빨리 죽으리란 것을 압니다. 이 절박함
이 글을 쓰게 만듭니다. 그에게 글쓰기는 운명과도 같습니다.
그런데 글을 쓰기 위해서는 생각하고 기억해야 합니다. 회상

하고 끊임없이 과거를 떠올려야 합니다. 그러나 오세아니아는 이것을 허락하지 않습니다. 따라서 이 소설은 정신의 자유와 표현의 자유가 상실된 곳이 얼마나 암울한 곳인지를 보여줍니다. 생각만으로 죄가 되고 표현하고 싶은 글을 쓴다고 해서 처벌받는 곳에서 자유란 존재할 수 없습니다.

탈주

그러면 전체주의가 지배하는 이런 사회에서 어떻게 살아야 할까요? 탈출구는 없는 걸까요? 처음에 스티븐은 무산 계급에서 희망을 찾습니다. 당 내부에 적이 있다고 해도 그들은 모일 수도 이야기를 나눌 수도 없기 때문입니다. 이런 생각을 하던 차에 그는 우연히 지나던 거리에서 수백 명의 여자들이 내지르는 분노와 절망이 뒤섞인 절규와 함성을 듣습니다. 그의 심장은 세차게 뜁니다. 드디어 폭동이 일어났다고 생각하는 순간, 상점에서 냄비를 사려고 서로 다투는 여자들의 소리라는 것을 알고 나서 생각합니다. "그런데 왜 그들은 좀더 중대한 일에 대해서는 그 같은 함성을 지르지 않는 걸까?" 그럼에도 그는 희망이 있다면 그것은 틀림없이 무산 계급에 있다고 믿습니다. 왜냐하면 오세아니아 인구의 85퍼센트를 차지하는 그 우글거리는 피압박 대중들만이 당을 파괴할 힘을 가지고 있다고 생각하기 때문입니다. 그러나 무산 계급이 혁명을 일으키게 할 힘이 그에게는 없습니다.

다음으로 그는 욕망으로 당을 전복할 수 있다고 생각합니다. 그는 줄리아에게 묻습니다. 전에도 나와 사랑을 나눴듯이 다른 당원들과 사랑을 나누어봤냐고. 수십 번을 했다는 줄리아의 대답에 스티븐의 내부에서 강렬한 희망이 솟아납니다. 그는 나병과 매독으로 당원들을 전염시킬 수 있다면, 당을 부패시키고 악화시키고 전복시키는 일이라면 무엇이든 하리라고 다짐합니다.

“이봐요, 당신과 관계한 남자가 많으면 많을수록 나는 당신을 더욱 사랑할 거예요. 내 말 이해하겠어요?”

“네, 이해해요.”

“나는 순결도 증오하고, 선도 증오해요. 어떤 곳에도 도덕이니 덕성이니 하는 것들이 존재하길 바라지 않아요. 나는 모든 사람들이 뼛속까지 썩기를 원해요.”

“그럼 저 같은 여자가 당신에게는 꼭 맞겠군요. 저는 뼛속까지 썩었어요.”

“당신은 이런 짓을 좋아해요? 꼭 내가 아니더라도 할 만큼 행위 자체를 좋아하느냐 이 말입니다.”

“네, 무척 좋아해요.”

윈스턴이 고대하던 대답이었다. 한 사람만 사랑하는 것이 아닌 무차별적인 단순한 욕망, 상대를 가리지 않는 동물적 본능, 이런 것들이야말로 당을 산산이 부숴버릴 수 있는 힘이었다.

그렇게 그는 당을 전복하기 위해 오브라이언을 찾아갑니다. 확실한 증거는 없지만 스티븐은 오브라이언을 자기편으로 생각합니다. 또한 7년 전쯤 꿈속에서 들었던 "우리는 어둠이 없는 곳에서 만날 거요"라는 말을 오브라이언의 목소리라고 믿습니다. 그리고 어둠이 없는 곳은 상상 속의 세계이고 아무도 보지 못하지만 신비롭게 참여할 수 있는 세계라고 생각합니다. 어쨌든 윈스턴과 줄리아는 오브라이언이 자기편인지 적인지 확실한 증거도 없는 상태에서 이 갑갑하고 암울한 사회에 저항하기 위해 그를 찾아갑니다. 설령 잘못 믿고 있다고 하더라도 윈스턴에게는 믿는 구석이 하나 있습니다. 그 어떠한 회유와 폭력도 내면의 감정을 변화시킬 수 없다고 믿는 것입니다.

설령 그들이 사람들의 말과 행동과 생각을 하나하나 적나라하게 파헤친다 하더라도, 인간의 속마음까지 공략할 수는 없을 것이다. 왜냐하면 인간의 속마음은 자신이나 다른 사람이 어떻게 할 수 없는 신비로움 그 자체이기 때문이다.

그래서 이 소설은 스티븐의 의식의 흐름에 따라 진행됩니다. 작가는 인간의 신비로운 속마음을 드러내주기 위해 의식의 흐름을 쓴 것으로 생각됩니다. 그러나 이상하게도 '나'는 한 번도 등장하지 않습니다. 스티븐은 항상 3인칭, '그'로 등장합니다. 마치 누군가가 스티븐의 의식과 무의식을 하나하나 관찰하는 듯한 '그'가 모든 이야기를 우리에게 전해 줍니다. 어찌되었건 이런 스티븐의 의식을 따라가다 보면 종종 이런 말들을 만납니다. 문득, 갑자기, 어느 순간, 불현듯, 비로소, 꿈속에서, 시간이 흐를수록, 그제야, 마침내, 불가피하게, 자기도 모르게 등등. 이러한 말들을 통해 의식의 순간에 끊임없이 끼어드는 스티븐의 무의식을 우리에게 보여줍니다. 스티븐은 논리적이고 의식적인 사람임에도 그의 행동은 무의식으로부터 침범당합니다. 사실 이것이 스티븐의 근본적인 문제입니다. 무의식적으로 자기도 모르게 벌어지는 행위들은 스티븐의 가장 큰 적입니다. 그런데 이것은 당의 적이기도 합니다. 당이 의식뿐만 아니라 무의식도 통제하길 원하기 때문입니다.

"윈스턴, 자네는 견본에 난 흠과 같군. 한 마디로 씻어버려야 할 오점이지. 우리는 과거의 처형자들과 다르다고 방금 말하지 않았나? 우리는 소극적인 복종이나 비굴한 굴복으로는 만족 못하네. 자네가 우리한테 항복한다고 해도 그건 어디까지나 자네의 자유의지에 의해서여야만 하네. 이단자들이 우리한테 반항한다고 해서 그들을 처형하는 게 아닐세. 우리는 그들을 전향시켜 속마음을 장악함으로써 새사람으로 만든다네. 그들이 지닌 모든 악과 환상을 불태워버리고, 외양만이 아니라 마음과 영혼까지 우리 편으로 만드는 거지. 그들을 죽이기 전에 우리와 같은 사람으로 만든단 말일세. 비록 알려지지도 않고 그 영향력 또한 없다 하더라도 그릇된 사상이 이 세상 어딘가에 존재한다는 것은 참을 수 없는 일이니까. 죽는 순간까지 우리는 그 어떤 탈선도 용납하지 않네. 옛날에는 이단자들이 여전히 이단자인 채 스스로 이단자임을 자처하며 화형장으로 끌려감으로써 모종의 희열을 느끼기도 했지. 소련에서 숙청당한 희생자들도 사형장으로 끌려가면서도 머릿속에 반항 의식을 갖고 있었네. 그런데 우리는 처치하기 전에 두뇌를 완전히 개조시키지. 옛날 전제군주의 명령은 '너희들은 이렇게 해서는 안 된다'는 식이었고, 전체주의자의 명령은 '너희들은 이렇게 해야 한다'는 식이었지만, 우리의 명령은 '너희들은 이렇게 되어 있다'는 식이네. 우리가 여기에 끌고 온 사람 치고 우리에게 끝까지 맞선 자는 없었네. 모두 완전히 세뇌되었지.

그러나 스티븐은 세뇌당하지 않고 속마음을 지키기 위해 줄리아에 대한 사랑을 포기하지 않습니다. 수많은 고문으로 그녀의 습성, 성격, 과거의 생활, 데이트할 때 일어났던 일과 주고받은 이야기를 모두 말하고 당에 맞서 꾸몄던 음모 등을 낱낱이 털어놓았음에도 여전히 줄리아를 사랑하고 있습니다. 그는 치료된 것처럼 보이기 위해 노력합니다. 그리고 마음속 깊은 곳에 당에 대한 증오심을 감추어두려고 합니다.

그들은 언젠가 그를 총살하기로 결정할 것이다. 그것이 언제인지 정확히 알 수는 없지만, 총살되기 몇 초 전이면 직감적으로 예측

할 수 있으리라. 그들은 항상 복도를 걷게 하고 등 뒤에서 총을 쏜다. 그 시간은 10초면 충분하다. 10초 동안 그의 내면세계는 뒤집힐 것이다. 한 마디의 말도, 움직임도 없이 얼굴의 주름살 하나 흐트러뜨리지 않고 있다가 별안간 가면이 벗겨지면서 '꽝!' 하며 그의 증오심이 폭발하리라. 그 증오심은 성난 불길처럼 그를 휩쓸어버릴 것이다. 그리고 그와 거의 동시에 '탕!' 하고 총알이 날아오리라. 그리하여 그들은 그의 머리통을 산산조각으로 부숴버리겠지만, 증오심으로 불타는 그의 마음을 되돌릴 수는 없을 것이다. 이단적인 사상은 영원히 그들의 손이 미치지 않는 곳에 있어 벌을 받지도, 회개를 강요당하지도 않으리라. 결국 그들의 완벽성에 하나의 구멍이 뚫리는 셈인데, 마지막까지 그들을 증오하면서 죽는 것, 이것이 바로 자유다.

그는 이제 단 하나 남은 반역의 가능성을 실천하려고 합니다. 그들을 증오하면서 죽는 것, 그에게 유일하게 남은 자유의 실천은 바로 그것입니다. 그러나 이 전략은 실패하고 맙니다.

그는 사랑부로 돌아가 모든 것을 용서받았다. 피고석에 앉아 모든 죄를 고백했고, 그가 알고 있는 모든 사람들을 공범자로 만들었다. 그는 햇빛 속을 걷는 기분으로 하얀 타일이 깔린 복도를 걷고 있었다. 그때 무장한 간수가 뒤에서 나타났다. 그리고 그가 오랫동안 기다렸던 총알이 그의 머리에 박혔다.

윈스턴은 빅 브라더의 거대한 얼굴을 올려다보았다. 그가 그 검

은 콧수염 속에 숨겨진 미소의 의미를 알아내기까지 40년이란 세월
이 걸렸다. 오, 잔인하고 불필요한 오해여! 오, 저 사랑이 가득한 품
안을 떠나 스스로 고집을 부리며 택한 유형(流刑)이여! 그의 코 옆
으로 진 냄새가 나는 두 줄기 눈물이 흘러내렸다. 그러나 모든 것이
잘 되었다. 싸움은 끝났다. 그는 자신과의 싸움에서 승리했다. 그는
빅 브라더를 사랑했다.

길 없는 곳에서 길 찾기

스티븐의 처절한 사투는 결국 실패로 돌아갑니다. 스티븐
의 실패는 어디에서 기인하는 것일까요? 전체주의 사회에서
악전고투하며 살아가는 스티븐은 도대체 왜 실패한 것일까요?
소설은 처음부터 스티븐의 탈주가 실패로 돌아갈 것을 암시하
고 있습니다. 더군다나 7년 전 스티븐이 처음으로 꿈에서 오
브라이언의 목소리를 들었을 때, 그리고 사랑부의 어둠이 없
는 곳에서 다시 오브라이언을 만날 때, 오브라이언이 7년 전
부터 스티븐을 감시해 왔다고 말합니다. 스티븐은 정말 7년
선 꿈에서 오브라이언을 만난 걸까요? 아니면 실제로 만났지
만 정확히 기억하지 못해 마치 꿈처럼 기억하는 것일까요? 여
러분도 7년 전 일을 기억해 보세요. 기록에 의지하지 않고 7
년 전 일을 제대로 기억하기란 불가능합니다. 어쩌면 소설에
나온 스티븐의 모든 탈주는 이미 오브라이언의 통제 하에 있
었던 것은 아닐까요?

더욱이 스티븐이 처음 일기를 쓰려고 한 이유는 바로 오브라이언 때문이었습니다. 2분간의 증오 시간에 우연히 오브라이언과 눈이 마주친 스티븐은 그가 자신과 같은 생각을 하는 동지라고 생각합니다. 겨우 1, 2초 동안 서로 모호한 눈빛을 주고받았고, 그는 그 사건을 기억해 두기 위해서 일기를 씁니다. 또한 사상경찰인 채링턴 씨, 오브라이언, 줄리아, 그들은 모두 "오렌지여 레몬이여"로 시작하는 노래를 알고 있습니다. 어쩌면 그들은 그들이 기억하지 못하는 관계가 있었던 것은 아닐까요? 그들의 과거는 망각되어 이젠 무의식 속에 습관적으로 부르는 노래만 남았을지도 모릅니다. 그리고 궁극적으로 스티븐의 의식의 흐름을 쫓아가는 3인칭 '그'는 도대체 누구일까요? 제가 너무나 과도하게 해석하는 것일지도 모릅니다. 그러나 어찌되었건 이 소설에서 탈출구를 발견하기란 거의 불가능해 보입니다.

제가 이 소설을 읽고 우울함에 빠졌던 이유는 바로 이것입니다. 애당초 탈주의 가능성이 없었다는 것, 처음부터 모든 탈주는 원천적으로 봉쇄되어 있다는 것, 그 속에서 악전고투하며 살아가지만 그것 또한 이미 모두 예상되어 있었다는 것, 이런 세상에서 살아야만 한다는 것은 우울함 그 자체입니다. 아무런 가능성이 주어지지 않은 공간, 철저하게 모든 것이 계획되고 통제되는 공간, 자신의 꿈과 무의식조차 조작되고 통제되어 자신의 삶을 사는 것이 원천적으로 불가능한 공간을 들여다본 느낌이었습니다. 고통과 폭력 위에 세워진 문명의 잔인함을 바로 옆에서 본다는 것은 우울함을 넘어 분노가 일기까지 합니다. 그런데도 불구하고 유일한 희망이 있다면 그것은 바로 자신의 욕망과 기억을 찾는 것입니다. 그리고 그것을 바탕으로 타인과 함께하는 것입니다.

"우리는 죽은 몸이야."

윈스턴이 말했다.

"우리는 아직 죽지 않았어요."

줄리아가 응수했다.

"육체적으로는 안 죽었지. 6개월, 6년…. 어쩌면 5년 후까지는 죽지 않을 거야. 물론 나도 죽음이 두려워. 당신은 젊으니까 나보다 더 죽음을 두려워하겠지. 노력하면 우리는 죽음을 연기시킬 수도 있을 거야. 하지만 그렇게 해봤자지 뭐. 인간이 인간으로 남아 있는 한 죽음과 삶은 그게 그거야."

"무슨 말씀을 그렇게 하세요! 당신은 지금 당장 누구와 함께 자고 싶으세요? 저예요, 아니면 해골이에요? 살아 있는 게 즐겁지 않나 보죠? 이건 나다, 이건 내 손이다. 이건 내 다리다, 하는 식으로 느끼는 게 좋지 않으세요? 저는 현실 속에 있어요. 확실하고 단단하게 살아 있다고요. 당신은 살아 있다는 게 좋지 않으세요?"

줄리아는 살아 있는 자신의 몸을 자각합니다. 그리고 자신의 몸이 추구하는 욕망을 잘 압니다. 윈스턴은 줄리아를 만나면서 점점 자신의 모호했던 욕망을 선명하게 찾아냅니다. 그리고 그는 자신의 무의식을 만나면서 희망을 발견합니다.

그는 꿈속에서 무슨 일이 일어났는지 정확히 기억할 수 없었다. 하지만 어머니와 여동생이 자기 때문에 희생되었다는 것은 알고 있었다. 대개 깨어난 뒤에도 잊혀지지 않는 꿈속의 장면은 의식 속으로 파고들어 그것을 기억하는 한, 항상 새롭고 가치 있는 일과 생각을 일깨워준다.

스티븐은 줄리아, 과거, 그리고 노동자들을 통해 자신의 욕망과 기억, 개인적 삶과 참된 인간관계를 떠올리고, 중요한 것은 바로 개인적 인간관계의 회복임을 발견합니다.

두 세대 전의 사람들은 역사를 바꾸려 하지 않았고, 그래서 이런 일은 그리 중요하지도 않았다. 그들은 개인적인 성실성으로 삶을 살았고, 아무도 그것을 문제 삼지 않았다. 중요한 것은 개인적인 인간관계였으며, 죽어가는 사람을 포옹하고 눈물을 흘리고 한 마디 위로의 말을 건네주는 등의 무력한 행위에서도 어떤 가치를 찾을 수 있었다. 문득 노동자들은 아직 이런 상황 속에 살고 있다는 생각이 윈스턴의 뇌리를 스쳤다. 그들은 당이나 국가나 이념 따위에 충성을 바치지 않고 그들 자신에게 충실했다.

이제야 제가 하고 싶은 말을 해야 할 때가 왔네요. 저는 이 소설을 읽으면서 줄리아의 시선에서 희망을 발견합니다. 빅 브라더가 지배하고 텔레스크린이 일상적인 감시를 하는 곳, 자식이 부모를 감시하고 모든 일상이 낱낱이 감시당하는 곳, 감시의 시선이 충만한 그곳에서 저는 줄리아의 사랑이 담긴 시선에서 희망을 발견합니다. 줄리아는 자기만의 시선을 갖고 있습니다. 그녀는 윈스턴에게 사랑의 시선을 보냅니다. 자신의 욕망을 온전히 가지지 못했던 윈스턴은 그것을 감시의 시선이라고 생각하지만 어찌되었건 그녀는 끊임없이 윈스턴에게 사랑의 시선을 보냅니다. 그리고 멋없고 커다란 글씨로 쓴 쪽지를 전해 줍니다.

"당신을 사랑합니다."

우리는 누구나 사랑의 시선을 가지고 있습니다. 갓 태어난 아기를 바라보는 부모의 시선, 다 큰 딸을 시집보내면서 눈시울을 붉히는 아버지의 시선, 사랑하지만 다가갈 수 없어 옆에서 맴돌며 사랑하는 사람을 바라보는 시선, 소설 속 나르치스와 골드문트의 시선, 조르바와 두목이 나누는 시선, 영화 속 아멜리에의 시선, 보니와 클라이드의 시선, "박하사탕"의 설경구의 시선, 이렇게 많은 시선들이 엉켜서 희망을 만듭니다. 이제 우리에게 돌아와봅시다. 절망적이고 암울한 상황에서 우리는 어떤 시선을 보내고 있나요? 이 글을 읽는 여러분들은 부디 사랑이 가득 담긴 희망의 시선을 보내고 있기를 기대해 봅니다. 그래야지만 우리는 길이 없는 곳에서 길을 찾을 수 있습니다.

〔02대입〕 고려대 수시 논술고사

아래의 세 요소를 유기적으로 구성하여 논술하시오.

- 예시문 (1)과 (2)에 제시된 언어의 특성

- 예시문 (3), (4), (5)에 나타난 현상의 해석

- 미래 사회에서의 언어와 인간의 관계

(1) 人間은 오로지 言語가 대상의 表象을 그에게 제시하는 대로 사는 수밖에 없다. 인간 스스로가 언어를 조직해내는 바로 그 行爲를 통해 인간은 자기 자신을 언어 속에 짜 맞추어 넣는다. 그리고 모든 언어는 그 언어를 사용하는 民族에게 하나의 領域을 시성한다. 이 영역을 벗어나는 것은 오직 다른 하나의 영역 안으로 들어갈 때에만 가능하다. 따라서 새로운 언어를 습득할 때는 지금까지의 世界觀과는 다른 觀點을 획득할 수 있을 것이다. 사실 이러한 일이 어느 정도는 가능하다. (중략) 그러나 다소의 차이는 있지마는 항상 固有한 세계관과 언어관을 지닌 채로 우리가 새로운 언어 안으로 들어가기 때문에 이

성과는 순수하고 완전한 것으로 지각될 수는 없다.

　　　　　　　　—빌헬름 폰 훔볼트 〈카비말 硏究 序說〉

(2) 언어에는 두 개의 주요 機能이 있다. 表現과 意思疏通이 바로 그것이다. 가장 원시적인 형태에서 그것은 몇몇 다른 行動樣式과 거의 다르지 않다. 사람은 한숨을 쉬거나 "아아!", "오, 슬프도다!"라고 말함으로써 슬픔을 표현할 것이다. 그는 손가락질로써, 또는 "보라"고 말함으로써 의사소통을 한다. 표현과 의사소통은 반드시 分離되는 것은 아니다. 만약 당신이 귀신을 보고 "저거 보라"고 말한다면, 恐怖를 표현하는 목소리로 그렇게 말할 것이다. 이것은 언어의 基礎 형태에만 적용되는 것이 아니다. 시에서, 그리고 특히 노래에서, 感情과 情報는 같은 수단을 통해 전달된다. 전화번호부는 감정 없이 정보만 전달하는 반면, 음악은 감정이 정보와 분리된 상태로 있는 언어형태로 생각할 수 있다. 그러나 日常的인 말에는 두 요소가 함께 존재한다.

　　　　　　　　—버트런드 러셀 〈인간의 지식〉

(3) 추운 지역에서 눈과 함께 생활하는 날이 많은 에스키모인의 말에는 눈에 관한 單語가 '가루 눈, 젖은 눈, 큰 눈' 등을 구별할 수 있게 발달되어 있으며, '희다'에 해당하는 말만도 열 개 이상이나 된다고 한다. 또, 바다로 둘러싸인 오스트레일

리아 原住民의 말에는 모래에 관한 단어가 많이 발달되어 있다고 한다. (중략)

　　우리말의 경우 '따비, 괭이, 쇠스랑, 삽, 종가래, 가래, 헹가래, 호미, 낫, 도끼, 고무래, 두레박, 용두레, 무자위, 장군, 도리깨, 쟁기, 멍에, 보습, 써레, 길마, 옹구, 망구, 발채, 꼴, 꼴망태' 등과 같은 農事 用語들이 매우 발달되었는데, 이는 우리 社會가 과거에 農耕 中心의 사회였다는 사실을 알 수 있게 한다.

─ 교육부 〈고등학교 문법〉

(4) "말을 없앤다는 건 멋있는 일이야. 물론 버려야 할 말은 動詞와 形容詞에 많지만 없애도 되는 명사도 수백 단어는 되지. 同義語뿐만이 아니지. 反義語도 있어. 도대체 단순히 다른 말의 반의어일 뿐인 말에 무슨 의미가 있겠는가? 한 낱말은 그 자체 내에 반의어를 포함하고 있네. '좋다(good)'를 예로 들어 보세. '좋다'라는 말이 있으면 구태여 '나쁘다(bad)'는 말이 필요하겠나? '안 좋다(ungood)'로 충분하지. 아니, 오히려 더 낫지. 그게 정확한 반의어니까. '나쁘다'가 아니라. 아니면 또, '좋다'보다 더 강한 말을 원할 때 '훌륭하다(excellent)'느니 '멋있다(splendid)'느니 기타 등등 모호하고 쓸모없는 많은 말들이 필요할까? '더 좋다(plusgood)'라는 말이면 充分하고 그걸 더욱 强調하고 싶으면 '더욱더 좋다 (doubleplusgood)'로 하면 되지.··· 신어(新語)의 목적이 사고의 폭을 줄이는 것

이란 걸 알고 있나? 결국 우리는 사상죄도 문자 그대로 불가
능하게 만들 거야. 왜냐하면 그걸 표현할 말이 없어질 테니까.
필요한 概念은 단 한 마디 말로 표현되며 그 말은 정확히 정
의되어 다른 부차적인 뜻은 지워지고 잊혀지지. 〈신어사전〉의
제11판에서 우리는 벌써 그 근처까지 갔어. 그러나 그 과정은
자네나 내가 죽고 난 뒤에도 오랫동안 계속될 거야. 한 해 한
해 어휘는 줄어들고 그럴수록 의식의 한계도 좁아지겠지. 물
론 지금도 사상죄를 저지를 이유나 구실은 있을 수 없지. 그것
은 단순히 자기훈련이나 현실통제의 문제야. 그러나 결국 그
나마 필요 없게 돼. 革命은 언어가 完成될 때 완성돼.”

— 조지 오웰 〈1984년〉

(5) 인터넷에서 사용되는 언어는 通信 環境의 제약을 극복하
고 새로운 방식으로 자신의 생각을 표현하려는 이용자들의 욕
구에 의해 일상 언어와 다른 형태를 보이고 있다. 소리 나는
대로 적기, 음절 줄이기, 이어 적기, 의도적 단어 변형, 이모티
콘(emoticon) 등이 있다.

　　日常語와 달리 형태를 바꾸어 통신 분위기를 재미있고 편
하게 만들어 친밀감을 나누려는 표현적 동기는 ‘알지’가 ‘알
쥐’로, ‘안녕’이 ‘안뇽’으로, ‘해요’가 ‘해여’ 등으로 變形된 바
꾸어 적기를 만들어 냈다. 또 ‘뭔일?’, ‘방가^^’ 등 서술어 없
이 한두 단어로 對話를 나누는 완결되지 못한 문장, ‘번개해봤

음?', '인사안해줘서 삐짐' 등 종결어미의 변용 등도 통신 언어의 특징이다.

영국 옥스퍼드대 출판부는 인터넷과 휴대전화 문자 메시지를 쓸 때 애용되는 縮約語를 실은 사전을 발간했다. 'B4'(Before), 'HAND'(Have A Nice Day), 'TX'(Thanks) 등이 영어로 인정받았다. 기쁘다는 뜻의 :-), 우울하다는 뜻의 :-(, 놀랍다는 뜻의 :-O 등의 이모티콘도 사전에 올랐다. 이에 반해 한 국어학자는 '일부 젊은층에서 개성 발휘를 위해 사용하는 통신 언어를 사전에 등록하는 것은 一時的 流行을 반영하는 것'이라고 말했다.

—신문 기사 모음

다락원 명작노트 **046**

1984년

펴낸이 정효섭
펴낸곳 (주)다락원

초판 1쇄 인쇄 2007년 8월 16일
초판 1쇄 발행 2007년 8월 20일

책임편집 안창열, 김지영
디자인 손혜정, 박은진
번역 마도경
삽화 손창복

다락원 경기도 파주시 교하읍 문발리 509-1
Tel:(02)736-2031 Fax:(02)732-2037
(내용문의: 내선 410/구입문의: 내선 113~114)
출판등록 1977년 9월 16일 제300-1977-23호

Copyright ⓒ 2007, 다락원

출판사의 허락 없이 이 책의 일부 또는 전부를
무단 복제·전재·발췌할 수 없습니다.
잘못된 책은 바꿔 드립니다.

값 8,500원

ISBN 978-89-5995-161-1 43740

패턴 따라 쉽게 쓰는 틴틴 영어일기 1, 2

❶ 일상생활 패턴정복
❷ 학교생활 패턴정복

중학교에 다니는 여학생과 남학생이 각각 일상생활과 학교생활을 중심으로 1년간의 일을 쉽고 재미있게 쓴 영어일기. 중학생이라면 누구나 한번쯤 겪어봤을 만한 일들을 바탕으로 한 다양한 일기 소재와 어휘가 제공되어 있기 때문에, 영어일기를 통해 영작을 연습하려는 학습자에게 큰 도움이 될 수 있는 교재이다. 중·고생뿐만 아니라, 중학 영어를 미리 예습하려는 예비 중학생들에게도 아주 효과적인 영어 학습서로 강추!

□ 정미선 지음 / 4·6배 변형 / 192면
□ 정가 10,000원 (오디오 CD 1개 포함)

Teen Teen Diary (전3권)

❶ 매일 10단어로 뚝딱 중학생 영어일기

중1 수준의 어휘와 문장으로, 영어일기와 일상회화에 대한 감각을 익힌다.

□ 정미선 지음 / 신국판 / 144면
□ 정가 7,500원 (테이프 1개 포함)

❷ 매일 5문장으로 술술 중학생 영어일기

중2 수준의 어휘와 문장으로, 영어일기에 친숙해지고 자신감을 쌓는다.

□ 정미선 지음 / 신국판 / 152면
□ 정가 7,500원 (테이프 1개 포함)

❸ 매일 내맘대로 쓱싹 중학생 영어일기

중3 수준의 어휘와 문장으로, 중학영어를 마스터하고 미국의 일상회화에 익숙해진다.

□ 정미선 지음 / 신국판 / 144면
□ 정가 7,500원 (테이프 1개 포함)

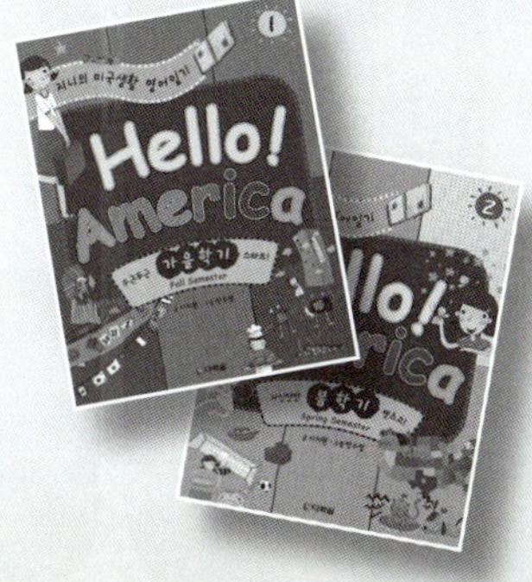

지니의 미국생활 영어일기 Hello! America (전2권)

❶ 가을학기 ❷ 봄학기

어느 한국 여학생의 미국생활 이야기를 일기 형식으로 담은 책. 1권은 '가을학기', 2권은 '봄학기'편으로, 총 1년간의 미국 학교생활 및 일상생활에 관한 흥미로운 이야기들이 담겨 있다. 미국 학생들의 실생활을 바탕으로 한 탄탄한 스토리로 살아 있는 현지 영어와 미국문화를 체험할 수 있을 뿐만 아니라, 영어 독해 및 영작 연습을 할 수 있는 아주 유용한 교재이다.

□ 이지현 지음 / 국배판 변형 / 152면
□ 정가 8,500원

〈행복한 명작 읽기〉는 기초가 약한 영어 초급자나 초, 중, 고 학생들이 보다 즐겁고 효과적으로 명작들을 읽으며 독해력을 키울 수 있도록 개발된 독해력 증강 프로그램입니다.

책의 특징

1 골라 읽는 재미가 있다. 초보자를 위한 350단어 수준에서 중고급자를 위한 1,000단어 수준까지 5단계 구성.

2 단계별로 효과적인 영어 읽기 요령과 영문 고유의 참맛을 느낄 수 있는 장치가 곳곳에.

3 읽기만 해도 영어의 키가 쑥쑥 - 해석을 돕는 돼지꼬리(◡), 영어표현 및 문법 설명, 퀴즈가 왕창.

4 체계적인 듣기 학습까지. 전문 미국 성우들의 생동감 넘치는 원음을 담은 오디오 CD 제공.

✖ 왕초보 기초다지기 ✖

쉬운 영문을 통해 영어 독해에 대한 막연한 두려움을 없앤다.

Grade 1 — Beginner — 350 words

1 미녀와 야수
2 인어공주
3 크리스마스 이야기
4 성냥팔이 소녀 외
5 성경 이야기 1
6 신데렐라
7 정글북
8 하이디
9 아라비안 나이트
10 톰 아저씨의 오두막

Grade 2 — Elementary — 450 words

11 이솝 이야기
12 큰 바위 얼굴
13 빨간머리 앤
14 플랜더스의 개
15 키다리 아저씨
16 성경 이야기 2
17 피터팬
18 행복한 왕자 외
19 몽테크리스토 백작
20 별 | 마지막 수업

국판 | **Grade 1, 2, 3** 각권 6,000원
(오디오 CD 1개 포함)

Grade 4, 5 각권 7,000원
(오디오 CD 1개포함)

*어린왕자 8,000원
(오디오 CD 2개 포함)

**고도를 기다리며 9,000원
(오디오 CD 2개 포함)

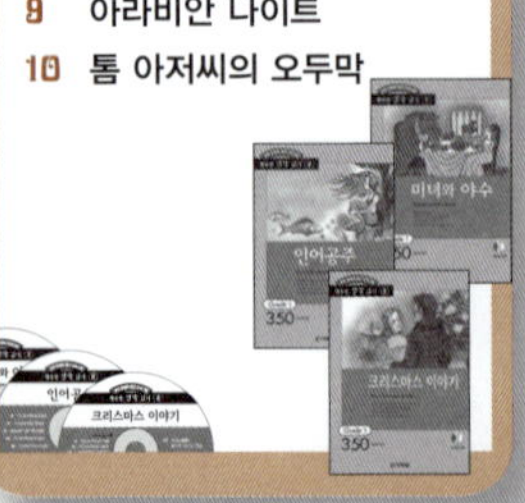

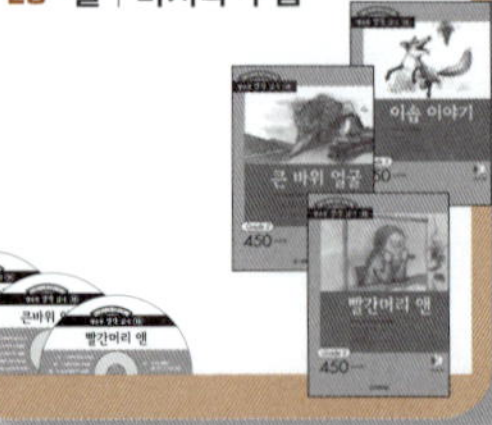

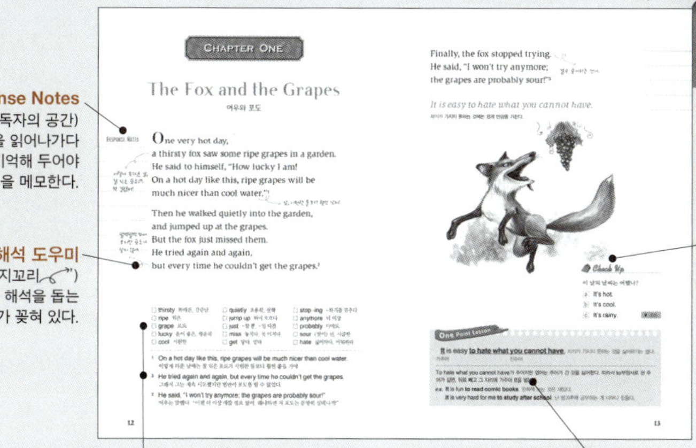

Response Notes
(독자의 공간)
영문을 읽어나가다
궁금한 점, 기억해 두어야
할 점을 메모한다.

해석 도우미
(일명 '돼지꼬리')
꼬리 끝에 해석을 돕는
힌트가 꽂혀 있다.

Check-Up
내용 파악이
잘 되었는지 확인.

주요 어휘 및 문장 해석

One-Point Lesson
주요 문법사항이나 표현에
대한 심층 분석 코너.

✚ 실력 굳히기 ✚

실력에 맞게 효과적으로 끊어 읽으며 직독직해 훈련을 한다.

★ 영어의 맛 ★
제대로 느끼기

영문판 원서 도전을 위한
전 단계의 준비과정이다.

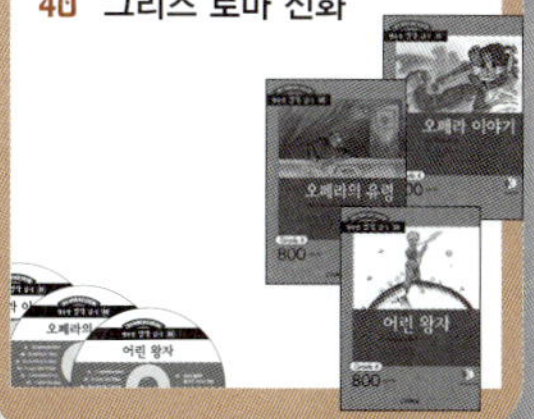
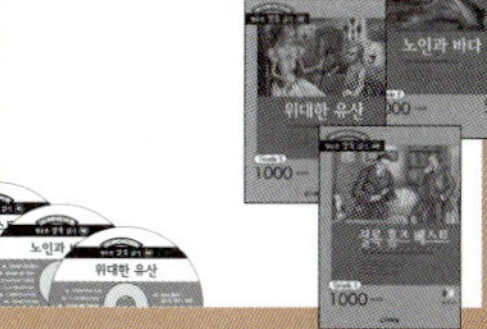

콕콕 찍어 들려주는 명작 리스닝 시리즈 [전20권]

세계 명작소설을 쉽게 고쳐 쓴 중·고생용 학습 교재. 독해와 함께 청취력 향상을 위해 전 내용을 녹음하고, 매 페이지에 리스닝 포인트를 두어 한국인이 듣기 어려운 부분은 또박또박한 발음으로 반복해 들려준다. 권말에는 영어듣기 테스트를 수록해, 입시에서 점점 비중이 높아지는 듣기시험에 대비하도록 했다.

□ 각 권 4·6판/140면 내외
□ 정가: 각 권 5,800원 (테이프 2개 포함)

① 이상한 나라의 앨리스 / 백설공주와 일곱 난쟁이
Alice's Adventures in Wonderland /
Snow White and the Seven Dwarfs

② 이솝 우화
Aesop Fables

③ 그림 동화집 / 잭과 콩나무
Grimms Fairy Tales / Jack and the Beanstalk

④ 재미있는 이야기 / 미녀와 야수
Famous Stories / Beauty and the Beast

⑤ 알라딘과 요술램프 / 이른 아침의 살인
Aladdin and the Magic Lamp / Dead in the Morning

⑥ 오즈의 마법사 / 흑마 이야기
The Wonderful Wizard of Oz / Black Beauty

⑦ 걸리버 여행기 / 쉽게 번 돈
Gulliver's Travels / Fast Money

⑧ 거울 속의 앨리스 / 정원
Through the Looking Glass / The Garden

⑨ 피터 팬
Peter Pan

⑩ 큰 바위 얼굴 / 크리스마스 선물 /
알리바바와 40인의 도적들
The Great Stone Face / The Christmas Present /
Ali Baba and the Forty Thieves

⑪ 돈키호테 / 헨리 포드 이야기
Don Quixote / Tin Lizzie

⑫ 로빈 후드 / 어느 병사의 죽음
Robin Hood / Death of a Soldier

⑬ 신문 배달 소년 / 긴 터널 / 몰리의 순례자
Newspaper Boy / The Long Tunnel / Molly Pilgrim

⑭ 언덕 위의 집 / 헤라클레스
The House on the Hill / Hercules

⑮ 우주 도시로의 여행 / 요술 정원
Journey to Universe City / The Magic Garden

⑯ 마르코 폴로 / 크리스토퍼 콜럼버스 /
올리버 트위스트
Marco Polo / Christopher Columbus / Oliver Twist

⑰ 삼총사 / 레슬러
The Three Musketeers / The Wrestler

⑱ 불의 전차
Chariots of Fire

⑲ 런던 경시청 이야기 / 아서 왕
The Story of Scotland Yard / King Arthur

⑳ 도난당한 편지 / 붉은 머리 사교회 /
트래버스 씨의 첫사냥
The Stolen Letter / The Society of Red-Headed
Men / Mr. Travers First hunt

Notes

Notes

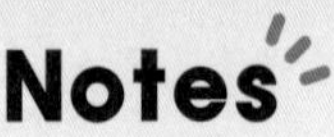